こころの輪

パラリンピック編

パラアスリートが教える
壁を乗りこえるための24のヒント

発売 小学館
発行 小学館クリエイティブ

はじめに

この本《ほん》に登場《とうじょう》する3人《にん》のスポーツ選手《せんしゅ》は、病気《びょうき》や事故《じこ》など、それぞれの理由《りゆう》によって、体《からだ》に障《しょう》がいがあるパラアスリート（障《しょう》がい者《しゃ》アスリート）です。

車《くるま》いすラグビー日本代表《にほんだいひょう》のキャプテンである池透暢《いけゆきのぶ》さんは、19歳《さい》のときに交通事故《こうつうじこ》にあい、左足《ひだりあし》のほとんどを失《うしな》いました。

視覚障《しかくしょう》がい者《しゃ》のマラソン日本代表《にほんだいひょう》である道下美里《みちしたみさと》さんは、小学生《しょうがくせい》のときに病気《びょうき》をわずらい、中学生《ちゅうがくせい》で右目《みぎめ》が見《み》えなくなり、20代《だい》なかばで左目《ひだりめ》の視力《しりょく》もほとんど失《うしな》いました。

陸上競技《りくじょうきょうぎ》でたくさんの記録《きろく》を持《も》つ義足《ぎそく》のアスリート、山本篤《やまもとあつし》さんは、17歳《さい》のときの交《こう》通事故《つうじこ》によって左足《ひだりあし》を失《うしな》いました。

障《しょう》がいがあっても、なくても、夢《ゆめ》や目標《もくひょう》を見《み》つけ、それに向《む》かって努力《どりょく》し、〝なりたい自分《じぶん》〟になることはけっして簡単《かんたん》ではありません。好《す》きなことを見《み》つけても、たくさんの失敗《しっぱい》や負《ま》けを経験《けいけん》してきらいになってしまったり、カベにぶつかってあきらめてしまったりする人《ひと》もたくさんいます。

3人《にん》は、あきらめませんでした。

体《からだ》が不自由《ふじゆう》でも、好《す》きになったスポーツととことん向《む》き合《あ》い、夢《ゆめ》をかなえて、4年《ねん》に一度《いちど》の大舞台《おおぶたい》、パラリンピックに何度《なんど》も出場《しゅつじょう》しました。いまでは日本《にほん》だけでなく、3人《にん》を応援《おうえん》しているファンが世界中《せかいじゅう》にたくさんいます。

この本《ほん》には、勇気《ゆうき》を持《も》って、これまでにたくさんのカベを乗《の》りこえてきた3人《にん》の「本音《ほんね》」がちりばめられています。その言葉《ことば》には、いま、カベにぶつかってなやんでいるみんなの背中《せなか》を押《お》してくれる、大《おお》きなパワーがつまっているはずです。

この本《ほん》のこころのコーチ①

池《いけ》透《ゆき》暢《のぶ》

車《くるま》いすラグビー選手《せんしゅ》

▶誕生日《たんじょうび》
1980年《ねん》7月《がつ》21日《にち》

▶生《う》まれた場所《ばしょ》
高知県《こうちけん》

▶星座《せいざ》／血液型《けつえきがた》
かに座《ざ》／O型《オーがた》

＼ここがスゴい！／

正確《せいかく》なパス

チームに欠《か》かせない司令塔《しれいとう》。視野《しや》がとても広《ひろ》くて、正確《せいかく》なパスをバンバン通《とお》してチャンスをつくるぞ！

＼ここがスゴい！／

たくみなチェアワーク

車《くるま》いすをたくみにあやつる「チェアワーク」は一級品《いっきゅうひん》。スピーディーかつダイナミックに動《うご》きまわるよ！

＼ここがスゴい！／

たよれるキャプテン

日本代表《にほんだいひょう》チームのたよれるキャプテン。みんなの意見《いけん》を聞《き》きながら、チームの思《おも》いをひとつにまとめる！

ぼくは池透暢《いけゆきのぶ》。子《こ》どものころからスポーツが大好《だいす》きで、小学校《しょうがっこう》では野球《やきゅう》を、中学校《ちゅうがっこう》ではバスケットボールをがんばっていたよ。でも、19歳《さい》のときに交通事故《こうつうじこ》にあって、左足《ひだりあし》を切断《せつだん》、左腕《ひだりうで》にも障《しょう》がいが残《のこ》ってしまい、車《くるま》いすに乗《の》ることになったんだ。それからはリハビリをがんばって、車《くるま》いすバスケの選手《せんしゅ》としてのプレーを経《へ》て、2013年《ねん》から車《くるま》いすラグビーに転向《てんこう》。いまは日本《にほん》代表《だいひょう》チームのキャプテンを任《まか》されているよ。

性格《せいかく》は素直《すなお》でまじめ。練習《れんしゅう》もしっかり取《と》りくむタイプだと思《おも》っているけれど、ちょっとした〝遊《あそ》び心《ごころ》〟も忘《わす》れないようにしているんだ（笑《わらい》）。そんなぼくがこれまでの人生《じんせい》で感《かん》じてきたことが、この本《ほん》でみんなの役《やく》に立《た》ったらいいなと思《おも》っているよ！

▶ おもな経歴《けいれき》

2012年《ねん》	車《くるま》いすバスケットボール日本代表候補《にほんだいひょうこうほ》に選《えら》ばれるが、ロンドンパラリンピックのメンバーからは落選《らくせん》
2013年《ねん》	車《くるま》いすラグビーに転向《てんこう》。日本代表強化指定選手《にほんだいひょうきょうかしていせんしゅ》に選出《せんしゅつ》
2014年《ねん》	車《くるま》いすラグビー日本代表《にほんだいひょう》キャプテンに任命《にんめい》
2015年《ねん》	アジア・オセアニア選手権《せんしゅけん》（千葉《ちば》）出場《しゅつじょう》。日本代表《にほんだいひょう》は初優勝《はつゆうしょう》
2016年《ねん》	リオデジャネイロパラリンピック出場《しゅつじょう》。日本代表《にほんだいひょう》は初《はつ》の銅《どう》メダル獲得《かくとく》
2018年《ねん》	車《くるま》いすラグビー世界選手権《せかいせんしゅけん》（シドニー）出場《しゅつじょう》、日本代表《にほんだいひょう》は初優勝《はつゆうしょう》
2021年《ねん》	東京《とうきょう》2020パラリンピック出場《しゅつじょう》。日本代表《にほんだいひょう》は2大会連続《たいかいれんぞく》となる銅《どう》メダルを獲得《かくとく》
2023年《ねん》	アジア・オセアニアチャンピオンシップ（東京《とうきょう》）出場《しゅつじょう》。日本代表《にほんだいひょう》は優勝《ゆうしょう》して2024年《ねん》パリパラリンピックの出場権《しゅつじょうけん》を獲得《かくとく》

この本《ほん》のこころのコーチ②

道《みち》下《した》美《み》里《さと》

陸上選手《りくじょうせんしゅ》

＼ここがスゴい！／

はじける笑顔《えがお》！

いつだって走《はし》ることが幸《しあわ》せ！　前向《まえむ》きで、まわりの人《ひと》たちを明《あか》るく照《て》らす太《たい》陽《よう》みたいな笑顔《えがお》がトレードマーク！

＼ここがスゴい！／

世界《せかい》にほこるランナー

2021年《ねん》、東京《とうきょう》2020パラリンピック金《きん》メダリスト！　ブラインドマラソン女子《じょし》T《ティー》12クラスの世界新記録《せかいしんきろく》も持《も》っているよ！

▶誕生日《たんじょうび》

1977年《ねん》1月《がつ》19日《にち》

▶生《う》まれた場所《ばしょ》

山口県《やまぐちけん》

▶星座《せいざ》／血液型《けつえきがた》

やぎ座《ざ》／O型《オーがた》

＼ここがスゴい！／

小《ちい》さな体《からだ》で風《かぜ》をきる！

小柄《こがら》な体格《たいかく》を生《い》かして、小《ちい》さな歩幅《ほはば》で回転《かいてん》を速《はや》くして走《はし》る「ピッチ走法《そうほう》」でビューンと風《かぜ》をきる！

みなさん、こんにちは。道下美里《みちしたみさと》です。ブラインドマラソンという、視覚障《しかくしょう》がい者《しゃ》が走《はし》るマラソン競技《きょうぎ》の選手《せんしゅ》です。

私《わたし》は身長《しんちょう》が144センチ。とても小柄《こがら》です。子《こ》どものころは控《ひか》えめでおとなしい性格《せいかく》で、小学校《しょうがっこう》の持久走《じきゅうそう》の順位《じゅんい》はいつも下《した》のほう。運動《うんどう》が得意《とくい》ではありませんでした。だから、小学校時代《しょうがっこうじだい》の友《とも》だちが、スポーツ選手《せんしゅ》になった私《わたし》を見《み》ると、「えっ？ こんなことをしているの？」って、ビックリします。

私《わたし》は小学生《しょうがくせい》のときに病気《びょうき》がわかり、少《すこ》しずつ目《め》が見《み》えなくなって、盲学校《もうがっこう》で27歳《さい》から走《はし》ることを始《はじ》めました。自分《じぶん》の障《しょう》がいを受《う》け入《い》れる過程《かてい》のなかで出会《であ》ったこともあり、パラスポーツが私《わたし》の人生《じんせい》を大《おお》きく変《か》えてくれました。私《わたし》が「いまの私《わたし》」になるまでのお話《はなし》を、みんなに知《し》ってもらいたいです！

▶ おもな経歴《けいれき》

2014年《ねん》	防府読売《ほうふよみうり》マラソンで2時間《じかん》59分《ふん》21秒《びょう》をマーク。女子《じょし》T《ティー》12（重度弱視《じゅうどじゃくし》）クラスの世界新記録《せかいしんきろく》を樹立《じゅりつ》
2016年《ねん》	リオデジャネイロパラリンピック、女子《じょし》マラソンT《ティー》12クラスで銀《ぎん》メダル
2017年《ねん》	防府読売《ほうふよみうり》マラソンで2時間《じかん》56分《ふん》14秒《びょう》をマーク。自《みずか》ら持《も》つ女子《じょし》T《ティー》12クラスの世界新記録《せかいしんきろく》を更新《こうしん》
2020年《ねん》	防府読売《ほうふよみうり》マラソンで2時間《じかん》54分《ふん》13秒《びょう》をマーク。自《みずか》ら持《も》つ女子《じょし》T《ティー》12クラスの世界新記録《せかいしんきろく》を更新《こうしん》
2021年《ねん》	東京《とうきょう》2020パラリンピック、女子《じょし》マラソンT《ティー》12クラスで3時間《じかん》0分《ふん》50秒《びょう》をマーク（パラリンピック新記録《しんきろく》）。自身初《じしんはつ》の金《きん》メダル獲得《かくとく》

この本《ほん》のこころのコーチ③

山《やま》本《もと》篤《あつし》

陸上選手《りくじょうせんしゅ》

＼ここがスゴい!／

とにかくダイナミック!

義足《ぎそく》で走《はし》るスピード感《かん》と、ダイナミックなジャンプは迫力《はくりょく》まんてん! 研究《けんきゅう》熱心《ねっしん》で成長《せいちょう》への努力《どりょく》をおしまない。

＼ここがスゴい!／

パラスポーツ界《かい》の英雄《えいゆう》

パラリンピックでメダルを獲得《かくとく》した初《はつ》の日本人《にほんじん》義足《ぎそく》アスリート。走《はし》り幅跳《はばと》びの世界新記録《せかいしんきろく》を樹立《じゅりつ》したこともある第一人者《だいいちにんしゃ》だ!

▶誕生日《たんじょうび》

1982年《ねん》4月《がつ》19日《にち》

▶生《う》まれた場所《ばしょ》

静岡県《しずおかけん》

▶星座《せいざ》／血液型《けつえきがた》

おひつじ座《ざ》／O型《オーがた》

＼ここがスゴい!／

あくなきチャレンジ精神《せいしん》

陸上《りくじょう》のトップ選手《せんしゅ》でありながら、スノーボードにも挑戦《ちょうせん》して、2018年《ねん》には冬《とう》季《き》パラリンピックにも出場《しゅつじょう》!

みんな、こんにちは！ 山本篤《やまもとあつし》です。ぼくは義足《ぎそく》のアスリート。パラ陸上《りくじょう》（走《はし》り幅跳《はばと》び、１００m、２００mなど）の選手《せんしゅ》として夏季《かき》パラリンピックに４回出《かいで》たよ。２００８年《ねん》の北京大会《ペキンたいかい》では、日本人《にほんじん》の義《ぎ》足陸上選手《そくりくじょうせんしゅ》として史上初《しじょうはつ》のメダリストになることができて、とてもうれしかったな。

子《こ》どものころからスポーツが大好《だいす》きで、水《すい》泳《えい》、剣道《けんどう》、野球《やきゅう》、バレーボール、なんでも得意《とくい》だったんだ。ぼくは17歳《さい》のときに、交通《こうつう》事故《じこ》で左足《ひだりあし》を切断《せつだん》することになってしまったんだけど、「義足《ぎそく》でもスポーツがしたい！」という思《おも》いがあって、陸上《りくじょう》や、大好《だいす》きだったスノーボードを続《つづ》けてきた。

この本《ほん》では、ぼくがどんなことを考《かんが》え、実践《じっせん》して、パラスポーツを22年間《ねんかん》も続《つづ》けてこられたのかを、みんなに教《おし》えるぞ！

▶ おもな経歴《けいれき》

2008年《ねん》 北京《ペキン》パラリンピック出場《しゅつじょう》。走《はし》り幅跳《はばと》びF《エフ》42/44クラスで銀《ぎん》メダル。日本《にほん》の義足陸上選手《ぎそくりくじょうせんしゅ》として初《はつ》のメダリストに

2012年《ねん》 ロンドンパラリンピック出場《しゅつじょう》。3種目《しゅもく》で入賞《にゅうしょう》

2016年《ねん》 日本《にほん》パラ陸上競技選手権大会《りくじょうきょうぎせんしゅけんたいかい》（鳥取《とっとり》）、走《はし》り幅跳《はばと》びＴ《ティー》42クラスで「6メートル56」の世界新記録《せかいしんきろく》を樹立《じゅりつ》

リオデジャネイロパラリンピック出場《しゅつじょう》。走《はし》り幅跳《はばと》びＴ《ティー》42クラスで銀《ぎん》メダル、4×100mリレー Ｔ《ティー》42-47クラスで銅《どう》メダル

2018年《ねん》 平昌《ピョンチャン》パラリンピック、スノーボード日本代表《にほんだいひょう》として冬季大会初出場《とうきたいかいはつしゅつじょう》

2021年《ねん》 東京《とうきょう》2020パラリンピック、走《はし》り幅跳《はばと》びＴ《ティー》63クラスで自己《じこ》ベストを更新《こうしん》するジャンプで4位入賞《いにゅうしょう》

2024年《ねん》 5月《がつ》の世界《せかい》パラ陸上競技選手権《りくじょうきょうぎせんしゅけん》（神戸《こうべ》）を最後《さいご》に、現役引退《げんえきいんたい》を発表《はっぴょう》

車《くるま》いすラグビーはこんな競《きょう》技《ぎ》！

車《くるま》いすはオフェンス（攻《こう》撃《げき》）型《がた》とディフェンス（守《しゅ》備《び》）型《がた》の2種類《しゅるい》があって、どちらもぶつかり合《あ》いにたえられるように頑丈《がんじょう》にできているんだ。

バレーボールに近《ちか》い専用《せんよう》の球《たま》を使《つか》う。障《しょう》がいで握力《あくりょく》の弱《よわ》い選《せん》手《しゅ》でもボールを持《も》ちやすいように、滑《すべ》りにくくつくられているんだ。

車《くるま》いすラグビーのルール

ラグビーとバスケットボール、アイスホッケーを足《た》したような競《きょう》技《ぎ》。４人《にん》対《たい》４人《にん》で、車《くるま》いすに乗《の》っておこなうよ。試合時間《しあいじかん》32分《ふん》（８分《ふん》×４ピリオド）の間《あいだ》に、より多《おお》くトライラインにボールを運《はこ》んだチームが勝《か》ちになる。けること以外《いがい》なら運《はこ》びかたは自由《じゆう》で、ボールを持《も》った選手《せんしゅ》は膝《ひざ》の上《うえ》にボールを置《お》いたまま、車《くるま》いすをこぐことができる。ただし、ボールを持《も》ってから10秒以内《びょういない》

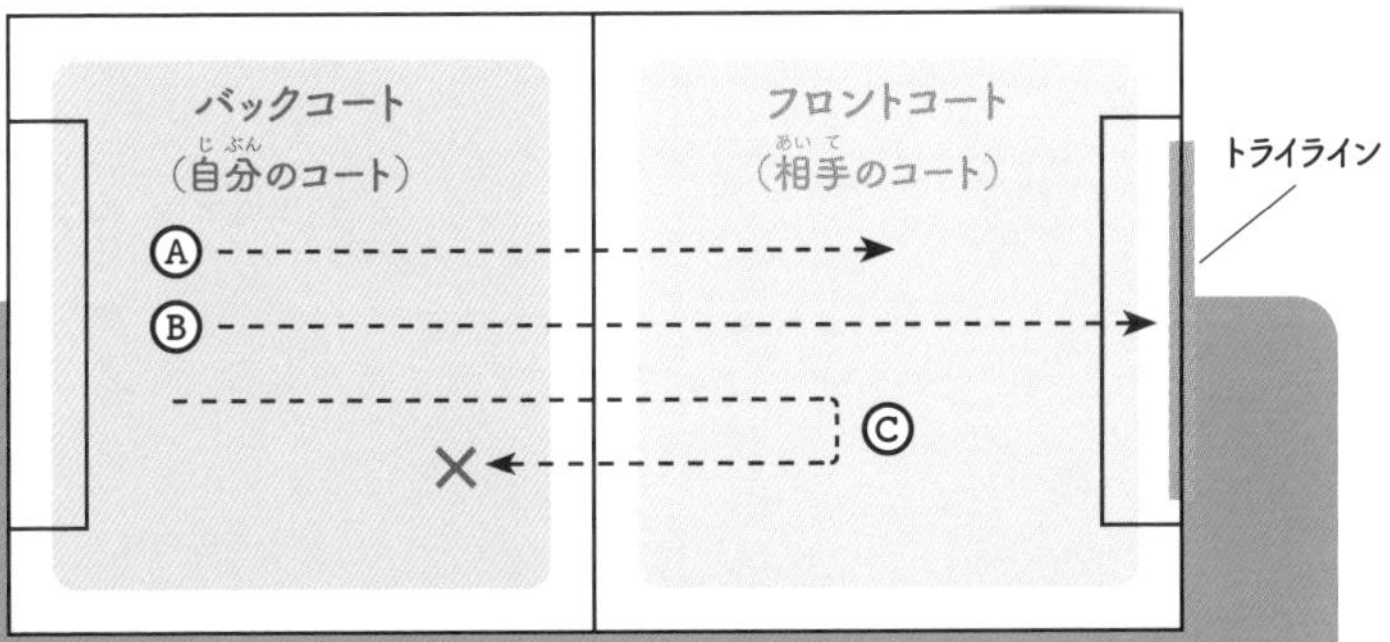

Ⓐ… バックコートでボールを手《て》に入《い》れたら、12秒以内《びょういない》にフロントコートにボールを運《はこ》ばないとダメなんだ。運《はこ》びかたはドリブルでもパスでもOK！

Ⓑ… ボールを持《も》ったチームは40秒以内《びょういない》にトライしなくてはならない。攻撃側《こうげきがわ》の選手《せんしゅ》の車《くるま》いすの二輪《にりん》がトライラインに達《たっ》したら1点《てん》！

Ⓒ… 一度《いちど》フロントコートに運《はこ》んだボールはバックコートにもどすことはできないよ。

クラス分《わ》け

障《しょう》がいの程度《ていど》によって各選手《かくせんしゅ》に持《も》ち点《てん》が与《あた》えられている。障《しょう》がいの程度《ていど》が軽《かる》いほうが、持《も》ち点《てん》は高《たか》くなるよ。コートに出《で》る選手《せんしゅ》4人《にん》の持《も》ち点《てん》の合計《ごうけい》は8点以内《てんいない》にしなきゃいけないんだ。ただし、女子選手《じょしせんしゅ》がいる場合《ばあい》は、合計点《ごうけいてん》の上限《じょうげん》がひとりあたり0.5点《てん》プラスされる。

重《おも》い　　障《しょう》がいの程度《ていど》　　軽《かる》い

0.5	1	1.5	2	2.5	3	3.5

にドリブルまたはパスをしなくてはならない。車《くるま》いす〝ラグビー〟というだけあって、ぶつかり合《あ》いもOK《オーケー》だから、とても激《はげ》しいスポーツなんだ。

ひと言《こと》でいうと…
より多《おお》くゴールラインまでボールを運《はこ》べば勝《か》ち！

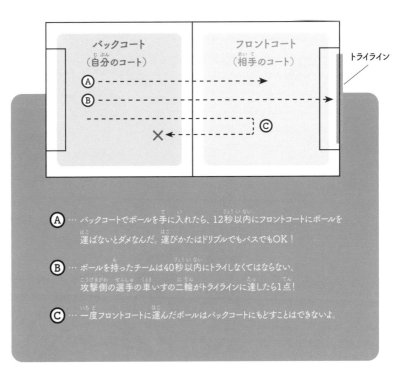

ブラインドマラソンはこんな競技《きょうぎ》！

ひと言《こと》でいうと…
伴走者《ばんそうしゃ》と走《はし》って
先頭《せんとう》でゴールしたら勝《か》ち！
（ひとりで走《はし》るケースもある）

ブラインドマラソンのルール

視《し》覚障《かくしょう》がいの選手《せんしゅ》によるマラソン。ルールは一《いっ》般《ぱん》のマラソンとほぼ同《おな》じで、距《きょ》離《り》はフルで42・195キロ。視力《しりょく》や視野《しや》の状態《じょうたい》によって

T《ティー》11クラスの選手《せんしゅ》やT《ティー》12クラスの一部《いちぶ》の選手《せんしゅ》には伴走者《ばんそうしゃ》が必要《ひつよう》なんだ。伴走者《ばんそうしゃ》がいる場合《ばあい》は、伴走者《ばんそうしゃ》といっしょに走《はし》るよ。ゴールするときは、伴走者《ばんそうしゃ》より選手《せんしゅ》が先《さき》にゴールしなければ、失格《しっかく》になってしまう。伴走者《ばんそうしゃ》と選手《せんしゅ》が走《はし》る位置《いち》は左右《さゆう》どちらでもいいよ。二人《ふたり》をつなぐロープは「きずな」と呼《よ》ばれる。ロープは50cm以内《いない》で、たるませるかピンと張《は》るかは、選手《せんしゅ》の好《この》みによって異《こと》なるんだ。

伴走者《ばんそうしゃ》は選手《せんしゅ》と一緒《いっしょ》に走《はし》るだけじゃなく、まわりの状況《じょうきょう》、走《はし》る道《みち》の状態《じょうたい》や段差《だんさ》、距離《きょり》や時間《じかん》などを選手《せんしゅ》に知《し》らせたり、走《はし》るペースや体調《たいちょう》を観察《かんさつ》する役割《やくわり》を担《にな》う。
選手《せんしゅ》たちは伴走者《ばんそうしゃ》のガイドをよく聞《き》きながら走《はし》るよ。大《おお》きな大会《たいかい》を勝《か》つには二人《ふたり》に、高《たか》い持久力《じきゅうりょく》と技術《ぎじゅつ》、コミュニケーション能力《のうりょく》、経験《けいけん》、相性《あいしょう》などが求《もと》められるんだ。

3クラスに分《わ》かれているよ。2024年《ねん》のパリパラリンピックには、T《ティー》11・T《ティー》12クラスの選手《せんしゅ》が出《で》られるんだ。

クラス分《わ》け

T《ティー》 11(B《ビー》1) クラス	どの距離《きょり》や方向《ほうこう》からでも手《て》の形《かたち》を認知《にんち》できない。伴走者《ばんそうしゃ》が必要《ひつよう》。
T《ティー》 12(B《ビー》2) クラス	手《て》の形《かたち》を認知《にんち》できるものから視力《しりょく》0.03まで、または視野《しや》が5度《ど》以内《いない》。伴走者《ばんそうしゃ》と走《はし》るか自分《じぶん》だけで走《はし》るか選《えら》べる。
T《ティー》 13(B《ビー》3) クラス	視力《しりょく》0.04から0.1、または視野《しや》20度《ど》以内《いない》。伴走者《ばんそうしゃ》はつけられない。

走《はし》り幅《はば》跳《と》びはこんな競技《きょうぎ》！

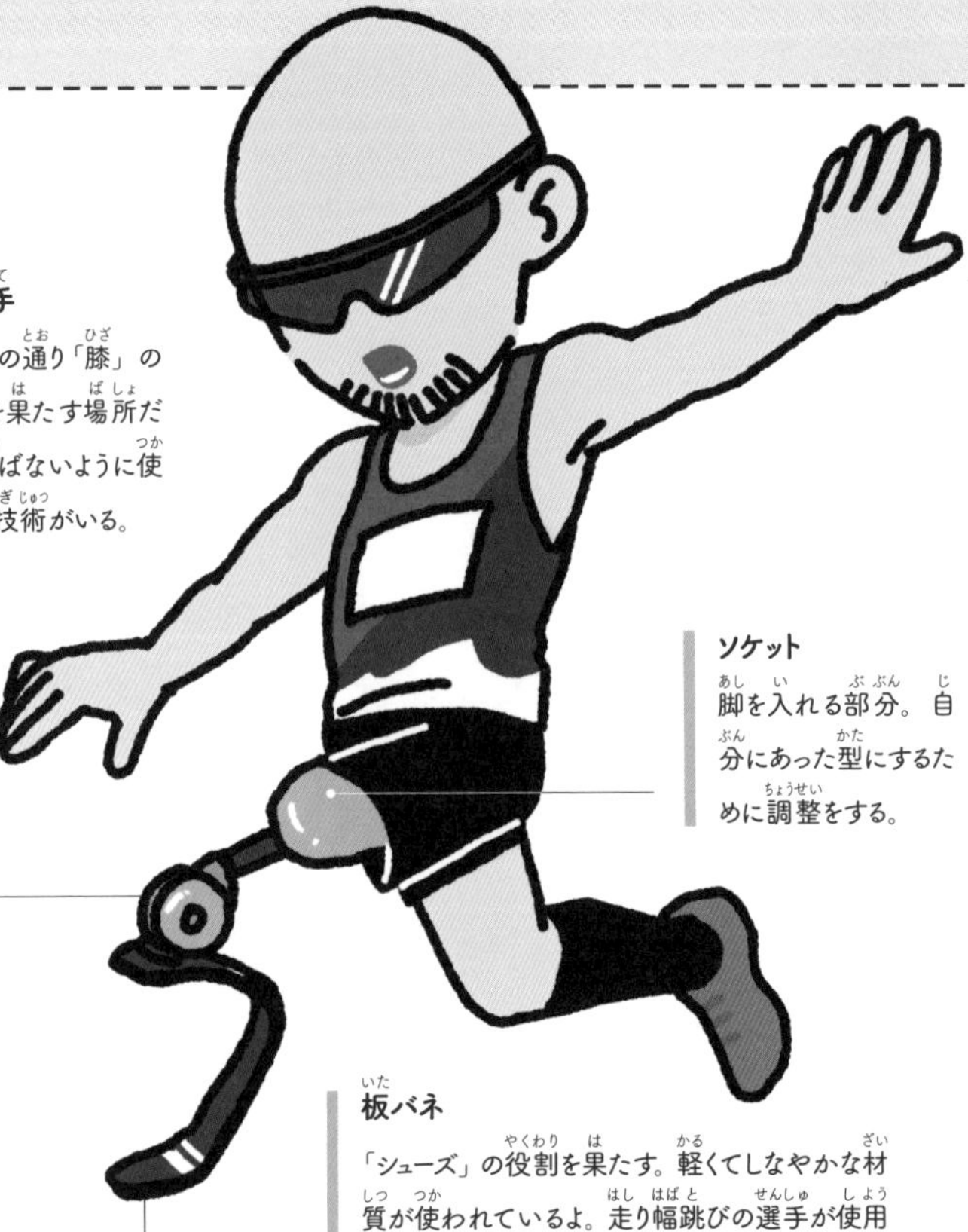

膝継手《ひざつぎて》
その名《な》の通《とお》り「膝《ひざ》」の役割《やくわり》を果《は》たす場所《ばしょ》だよ。転《ころ》ばないように使《つか》うには技術《ぎじゅつ》がいる。

ソケット
脚《あし》を入《い》れる部分《ぶぶん》。自分《じぶん》にあった型《かた》にするために調整《ちょうせい》をする。

板《いた》バネ
「シューズ」の役割《やくわり》を果《は》たす。軽《かる》くてしなやかな材《ざい》質《しつ》が使《つか》われているよ。走《はし》り幅跳《はばと》びの選手《せんしゅ》が使用《しよう》するものはアルファベットのＪ《ジェイ》に似《に》たもの。かかとがないから反発力《はんぱつりょく》を強《つよ》くできて、より前《まえ》へ跳《と》べるんだ。

走《はし》り幅《はば》跳《と》びのルール

助走《じょそう》をつけて、いかに遠《とお》くに跳《と》べるかを競《きそ》うスポーツ。選手《せんしゅ》は助走路《じょそうろ》を走《はし》り、踏切板《ふみきりばん》で踏《ふ》み切《き》り、ジャンプして砂場《すなば》に着地《ちゃくち》する。基本的《きほんてき》にひとり3回《かい》までチャレンジできるよ。助走路内《じょそうろない》だったら、選手《せんしゅ》は自分《じぶん》でスタート位置《いち》を決《き》めることができるんだ。視覚障《しかくしょう》がいクラスの走《はし》り幅跳《はばと》びは、「競技《きょうぎ》アシスタント」というサポート役《やく》もつけられる。

ひと言《こと》でいうと…
一番遠《いちばんとお》くへ跳《と》んだら勝《か》ち！

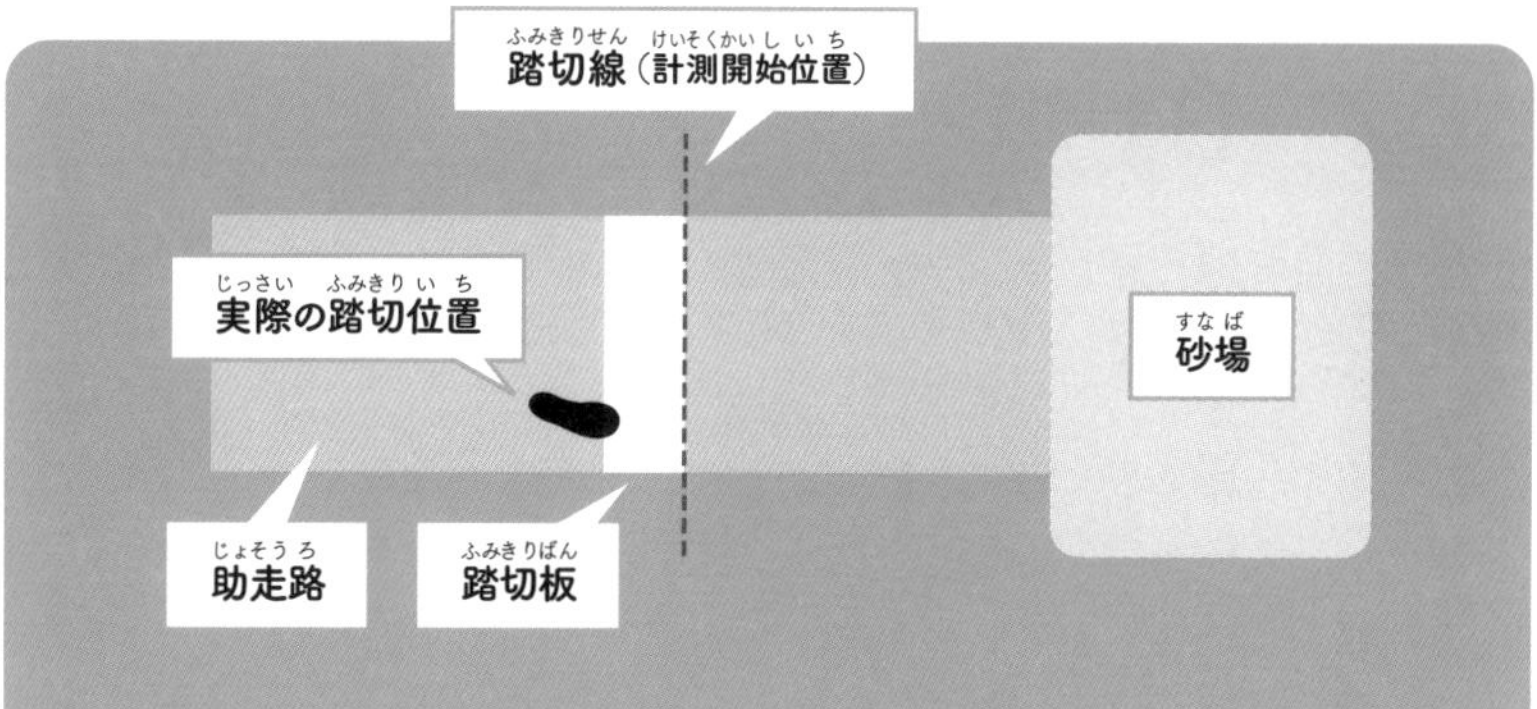

上《うえ》の図《ず》にある踏切線《ふみきりせん》の手前《てまえ》ならどこで踏《ふ》み切《き》ってもいいよ。けれど、踏切線《ふみきりせん》をこえたり、踏切板《ふみきりばん》の外側《そとがわ》からジャンプした場合《ばあい》はファウルとなり、記録《きろく》は残《のこ》らないんだ。

クラス分《わ》け

パラスポーツの陸上競技《りくじょうきょうぎ》のクラスは、競技《きょうぎ》のカテゴリーを示《しめ》すアルファベットと障《しょう》がいの種類《しゅるい》と程度《ていど》を示《しめ》す数字《すうじ》の組《く》み合《あ》わせで表《あら》わされるよ。数字《すうじ》のクラスごとに競技《きょうぎ》が行《おこな》われ、その中《なか》で順位《じゅんい》を決《き》めるんだ。ちなみに、山本選手《やまもとせんしゅ》が東京《とうきょう》2020パラリンピック・走《はし》り幅跳《はばと》びで出場《しゅつじょう》したクラスは「T《ティー》63」。

❶競技《きょうぎ》カテゴリー

T《ティー》：トラック競技《きょうぎ》、跳躍《ちょうやく》

F《エフ》：投《とう》てき

❷障《しょう》がいグループ

1：視覚障《しかくしょう》がい

2：知的障《ちてきしょう》がい

3：脳性麻痺《のうせいまひ》

4：低身長症《ていしんちょうしょう》、四肢切断《ししせつだん》
または機能障《きのうしょう》がい（義足《ぎそく》の使用《しよう》はなし）

5：車《くるま》いす競技《きょうぎ》

6：義足《ぎそく》を装着《そうちゃく》して出場《しゅつじょう》

※走幅跳《はしりはばとび》には低身長症《ていしんちょうしょう》（T40、41）のクラス、車《くるま》いす競技《きょうぎ》のクラスはない

たとえば、
山本選手《やまもとせんしゅ》の場合…

T《ティー》	6	3
競技《きょうぎ》カテゴリー	障《しょう》がいグループ	障《しょう》がいの程度《ていど》

第《だい》1章《しょう》
スポーツのおもしろさを知《し》るためのヒント

第《だい》2章《しょう》 自分《じぶん》らしくがんばるためのヒント

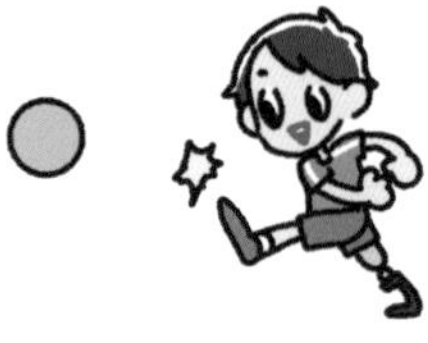

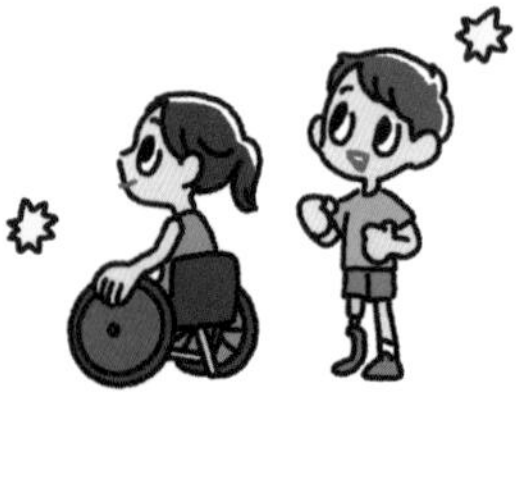

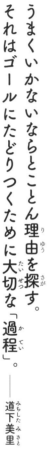

第《だい》4章《しょう》

緊張《きんちょう》、不安《ふあん》、カベを乗《の》りこえるためのヒント

第《だい》1章《しょう》

スポーツのおもしろさを知《し》るためのヒント

ヒント 01

友《とも》だちのために生《い》きる――。ぼくが車《くるま》いすスポーツをはじめた理由《りゆう》。

イケ先生《せんせい》からキミへ

自分《じぶん》のがんばりが人《ひと》を元気《げんき》づける それこそ、自分《じぶん》が生《い》きている証《あかし》

友《とも》だちと出《で》かけた車《くるま》で交通事故《こうつうじこ》にあったのは、ぼくが19歳《さい》のときだった。

気《き》づいたら病院《びょういん》のベッドの上《うえ》にいた。なにが起《お》きたのかわからなかった。全身《ぜんしん》やけどだらけで、左足《ひだりあし》は切断《せつだん》されていた。夢《ゆめ》であってほしいと思《おも》った。生《い》きていただけでも、奇跡《きせき》みたいな事故《じこ》だった。

なんでこんなことになってしまったのだろう？　理解《りかい》ができなかったし、どうしても受《う》け入《い》れられなかった。痛《いた》くて、つらくて、悲《かな》しくて、生《い》きていく自信《じしん》なんてとてもなかった。

入院生活《にゅういんせいかつ》が2カ月《げつ》くらい過《す》ぎたころだったと思《おも》う。いっしょに車《くるま》に乗《の》っていた友人《ゆうじん》が亡《な》くなったと、両親《りょうしん》から知《し》らされた。

それまでのぼくは、生《い》きる希望《きぼう》を失《うしな》っていた。両親《りょうしん》に「死《し》にたい」とこぼしたこともあった。母《はは》は泣《な》いていた。

しかし友《とも》だちが亡《な》くなったことを聞《き》いて、そんな自分《じぶん》がはずかしくなった。その瞬間《しゅんかん》に「死《し》にたい」なんて気持《きも》ちは消《き》えてなくなった。

ぼくは、友《とも》だちも生《い》きていると思《おも》いこんでいた。ぼくと同《おな》じように入院《にゅういん》をしているものだと信《しん》じていた。一番《いちばん》つらいのがぼくで、自分《じぶん》だけががんばらなければいけないものだと思《おも》っていた。でも、そうじゃなかった。

ぼくは生《い》きている。でも、友《とも》だちは生《い》きることさえできていない。

家族《かぞく》の苦《くる》しみが、ぼくにもわかった。そして、ぼくは思《おも》った。

「友《とも》だちのぶんまで、ぼくが生《い》きた証《あかし》を残《のこ》さなきゃいけない」

手《て》も足《あし》も動《うご》かない。車《くるま》いすの生活《せいかつ》が一生《いっしょう》続《つづ》くことはわかっていた。でも、なにかを残《のこ》さなきゃいけないと思《おも》った。

「なんでもいいから、前《まえ》に進《すす》もう」

友《とも》だちの死《し》を知《し》った日《ひ》、ぼくはそう心《こころ》にちかった。

入院生活《にゅういんせいかつ》は2年半《ねんはん》におよんだ。その間《あいだ》に40回近《かいちか》くも手術《しゅじゅつ》をした。

なにをやってもうまくいかない。先《さき》が見《み》えない不安《ふあん》に押《お》しつぶされそうだった。

でも、リハビリ室《しつ》に通《かよ》うたびに、ほめてくれるおばあちゃんたちがいた。

「あなたのがんばりを見《み》るだけでも元気《げんき》をもらえるよ」

自分《じぶん》ががんばることで、人《ひと》に元気《げんき》を与《あた》えることができるのかもしれない。特別《とくべつ》ななにかをしなくても、必死《ひっし》に生《い》きようとする姿《すがた》を見《み》せることができれば、だれかの役《やく》に立《た》てるかもしれない。それが、事故《じこ》で亡《な》くなった友《とも》だちに示《しめ》すべき「ぼくが生《い》きた証《あかし》」になるのかもしれない。

スポーツにはずっと興味《きょうみ》があった。きっかけをくれたのは、お見舞《みま》いに来《き》てくれた中《ちゅう》学校《がっこう》の先生《せんせい》だ。車《くるま》いすバスケットボールの審判員《しんぱんいん》でもあった先生《せんせい》がぼくに言《い》った。

「車《くるま》いすバスケで世界《せかい》をめざしてみたらどうだ？」

ぼくは思《おも》った。よし、やろう。車《くるま》いすバスケットボールの日本代表《にほんだいひょう》をめざそう。パラリンピックに出場《しゅつじょう》して、亡《な》くなった友《とも》だちに、ぼくが生《い》きた証《あかし》を示《しめ》そう。そうして、ぼくの挑戦《ちょうせん》がはじまった。

ヒント 02

「自《じ》分《ぶん》になにが
できるか」なんて
わからない。だから
どんなことにも
チャレンジしてみて！

自分《じぶん》の意思《いし》でやりたいと思《おも》ったなら どんどんチャレンジしてみよう

ミチシタ先生《せんせい》からキミへ

みなさんにも、きっと〝好《す》きなこと〟があると思《おも》います。どんなきっかけで始《はじ》めて、どんなきっかけで好《す》きになったのかな？

私《わたし》は小学生《しょうがくせい》のときに目《め》の角膜《かくまく》に病気《びょうき》が見《み》つかりました。中学生《ちゅうがくせい》のときに右目《みぎめ》が見《み》えなくなり、24歳《さい》のときに左目《ひだりめ》もほとんど見《み》えなくなりました。「目《め》が見《み》えない人生《じんせい》」を生《い》きる覚悟《かくご》を決《き》めて、盲学校《もうがっこう》に入学《にゅうがく》したのが26歳《さい》のとき。そして、走《はし》り始《はじ》めたのは27歳《さい》で、きっかけは「ダイエット」でした。

学校《がっこう》の放課後《ほうかご》。まだ少《すこ》しだけ見《み》えた左目《ひだりめ》をたよりに、芝生《しばふ》と土《つち》のグラデーションで盲《もう》学校《がっこう》の生徒《せいと》が走《はし》りやすいように整備《せいび》されたグラウンドを走《はし》りました。
「あれ？　私《わたし》ってけっこう走《はし》れる？」

……なんて思《おも》ったことは、そのときはまったくありません。でも、ガイドランナー（伴走者《ばんそうしゃ》）をつけて走《はし》るようになったり、盲学校《もうがっこう》の仲間《なかま》に「もっとできるよ」「全国大会《ぜんこくたいかい》をめざしたほうがいいよ」と言《い》われて大会《たいかい》に出《で》てみたり。みんながやさしく背中《せなか》を押《お》してくれたこと、応援《おうえん》してもらえたことが本当《ほんとう》にうれしかったんです。

そして、はじめて出場《しゅつじょう》した全国障《ぜんこくしょう》がい者《しゃ》スポーツ大会《たいかい》で金《きん》メダルをもらいました。

「え？　もしかしたら、私《わたし》って走《はし》れるの？」

すっかりその気《き》になってしまった私《わたし》のランナー人生《じんせい》は、こうして〝かんちがい〟からスタートしました。

そのころ、ほとんど夢《ゆめ》みたいな話《はなし》として「いつかパラリンピックに出場《しゅつじょう》したいな」と口《くち》に出《だ》してしまったことがありました。

障《しょう》がい者《しゃ》の全国大会《ぜんこくたいかい》で金《きん》メダルをもらえたのだから、その次《つぎ》はいつか日本代表《にほんだいひょう》になって、パラリンピックに出場《しゅつじょう》して……。そこからの道《みち》のりはとても長《なが》かったけれど、目標《もくひょう》に熱心《ねっしん》につきあってくれる先生《せんせい》がいて、ずっといっしょに私《わたし》の近《ちか》くで「世界《せかい》をめざす

私《わたし》」をサポートしてくれました。先生《せんせい》には感謝《かんしゃ》しかありません。

そうするうちに、仲間《なかま》が増《ふ》えました。応援《おうえん》してくれる人《ひと》も増《ふ》えました。パラリンピック出場《しゅつじょう》の夢《ゆめ》は、いつしか自分《じぶん》だけの夢《ゆめ》じゃなくなって……。走《はし》ることに対《たい》して、私《わたし》はそうして少《すこ》しずつ本気《ほんき》になっていきました。

あれから約《やく》20年《ねん》。私《わたし》はずっと走《はし》り続《つづ》けてきました。いまではマラソンが大好《だいす》きだし、できるかぎり走《はし》り続《つづ》けたいと思《おも》っています。

私《わたし》にとって「走《はし》ること」がそれだけ大《おお》きなものになった理由《りゆう》は、やっぱり、27歳《さい》の私《わたし》が自分《じぶん》の意思《いし》で「走《はし》りたい」と思《おも》ったからだと思《おも》うんです。

目《め》が見《み》えない自分《じぶん》になにができるかなんてわからなかったけれど、自分《じぶん》で「やりたい」と思《おも》ったことにチャレンジしたから「好《す》きなもの」ができた。

だから、みなさんも「やりたい」と思《おも》うことがあったらどんどんチャレンジしてみて。想像《そうぞう》できないステキな人生《じんせい》が待《ま》っているかもしれないから。

ほしいものが
「どうすれば
手《て》に入《はい》るか」を
自分《じぶん》で
真剣《しんけん》に考《かんが》える。

ヤマモト先生《せんせい》からキミへ

**自分《じぶん》で考《かんが》えて行動《こうどう》する力《ちから》があれば
やりたいこと、好《す》きなことができる**

「一番風呂《いちばんぶろ》はお父《とう》さんの特権《とっけん》！」

「カレーライスのかくし味《あじ》はバナナ！」

みたいな、それぞれの家庭《かてい》にしかない〝おもしろルール〟ってあるよね？　みんなの家《いえ》ではどう？　じつは、ぼくのうちにもあったんだ。お母《かあ》さんが決《き》めた、「特別《とくべつ》なことはすべて有料《ゆうりょう》です！」というルールが。


たとえば、テストで100点《てん》を取《と》ると、100円《えん》がもらえる。家《いえ》にあるおかしを食《た》べたかったら、その100円《えん》から支払《しはら》わなきゃならない。アメ玉《だま》が1コ30円《えん》。おかしには細《こま》かく値段《ねだん》がつけられていて、ぼくも、2歳上《さいうえ》の兄《あに》も、かならず自分《じぶん》でお金《かね》を払《はら》って、おかしを買《か》わなきゃならなかった。お金《かね》を増《ふ》やすためには、勉強《べんきょう》をがんばったり、

お母《かあ》さんのお手伝《てつだ》いをしたりと〝いいこと〟をしなきゃならない。

お母《かあ》さんがぼくたちに教《おし》えたかったことは、お金《かね》の使《つか》いかたと、それから「ほしいものを手《て》に入《い》れるためには、自分《じぶん》で考《かんが》えて行動《こうどう》しなければならない」ということだった。

お母《かあ》さんには本当《ほんとう》に感謝《かんしゃ》している。おかげで、ぼくは〝お金《かね》の使《つか》いかた〟をちゃんと考《かんが》えられる大人《おとな》になることができたし、お母《かあ》さんのねらいどおり、自分《じぶん》で考《かんが》えて行動《こうどう》する力《ちから》も身《み》についた。

中学生《ちゅうがくせい》のころには、お金《かね》のためかたを真剣《しんけん》に考《かんが》えて、だれよりも早《はや》くポケベル（←知《し》らないよね。お父《とう》さんやお母《かあ》さんに聞《き》いてみて！）をゲットした。「ほしい」と思《おも》ったものを手《て》に入《い》れるために、どうすれば自分《じぶん》のお金《かね》が増《ふ》えるのか、それを小学生《しょうがくせい》のうちから真剣《しんけん》に考《かんが》えて、たくさんのお手伝《てつだ》いをした。

ただ手伝《てつだ》うだけじゃなく、手伝《てつだ》いかたを工夫《くふう》して、少《すこ》しでも多《おお》くのお金《かね》をもらおうとした。子《こ》どものころから大人《おとな》の仕事《しごと》を本気《ほんき》で手伝《てつだ》っていたから、手先《てさき》が器用《きよう》になった。

それが、大人《おとな》になってからぼくが勉強《べんきょう》して資格《しかく》を取《と》る「義肢装具士《ぎしそうぐし》（義足《ぎそく》などをつくる

人《ひと》）」の仕事《しごと》にも生《い》きた。

17歳《さい》のとき、ぼくは交通事故《こうつうじこ》にあって左足《ひだりあし》を失《うしな》った。もちろん、最初《さいしょ》は大《おお》きなショックを受《う》けた。生《い》きていくのがこわくなったことだってあった。

それでも、すぐに「できることはなんだろう」と考《かんが》えかたを変《か》えた。よく考《かんが》えてみたら、たとえ左足《ひだりあし》がなくても「やりたいこと」はたくさんあった。だから、お母《かあ》さんに教《おし》えてもらったとおり、自分《じぶん》の力《ちから》でそれを手《て》に入《い》れようと努力《どりょく》した。

障《しょう》がいをかかえていても、好《す》きなこと、やりたいと思《おも》うことを〝やれる可能性《かのうせい》〟はいくらだってある。結局《けっきょく》のところは自分《じぶん》しだいだ。

興味《きょうみ》があることを見《み》つけたら、どんなことでもどんどんチャレンジしてみてほしい。「どうすれば手《て》に入《はい》るか」を真剣《しんけん》に考《かんが》えたら、自分《じぶん》がいま、やるべきことがきっと見《み》えてくるはずだから！

結果《けっか》よりも過程《かてい》。
だからぼくは
カベがあったら
正面《しょうめん》から
まっすぐのぼる。

イケ先生《せんせい》からキミへ

まずは正面《しょうめん》からまっすぐチャレンジ そうやって「自分《じぶん》のこと」を知《し》ろう

自分《じぶん》の目《め》の前《まえ》に、大《おお》きなカベがある。そんなとき、みんなならどうする？

ぼくだったら……たぶん、よけいなことは考《かんが》えずに、そのままよじのぼろうとする。横《よこ》からすり抜《ぬ》けたり、穴《あな》をほってみたり、道具《どうぐ》を使《つか》ったり……〝カベをこえる〟ための方法《ほうほう》はいくらでもあるけれど、ぼくは、たとえ失敗《しっぱい》しても、まっすぐよじのぼろうとすることに意味《いみ》があると思《おも》う。

つまり、結果《けっか》よりも過程《かてい》が大事《だいじ》ということだ。もちろん、最初《さいしょ》からぜんぶうまくいくとはかぎらないし、途中《とちゅう》で休《やす》むことだってあるかもしれない。でも、まずは自分《じぶん》の力《ちから》だけでのぼれるのかどうか。そこにチャレンジしてみないと、のぼりかたの正解《せいかい》は見《み》えてこない。

そして、これまでの人生《じんせい》をふりかえってみると、ぼくはいつだって自分《じぶん》の力《ちから》でカベをよじのぼろうとして、あきらめることなくちゃんとよじのぼってきた。

いつだって必要《ひつよう》なのは「自分《じぶん》を知《し》ること」だ。自分《じぶん》はなにが得意《とくい》で、なにが苦手《にがて》なのか。自分《じぶん》はどんな性格《せいかく》で、どんなときに力《ちから》を発揮《はっき》できる人間《にんげん》なのか。いま、自分《じぶん》はなんのために目《め》の前《まえ》にあるカベを乗《の》りこえようとしているのか。

よけいなことを考《かんが》えずにカベをよじのぼろうとするのだから、最初《さいしょ》は失敗《しっぱい》することも多《おお》い。でも、その失敗《しっぱい》から学《まな》べることがたくさんある。

学《まな》ぶということは、自分《じぶん》を知《し》ることと同《おな》じだ。何度《なんど》でもチャレンジをくりかえせば、たくさんのことを学《まな》べる。〝自分《じぶん》のこと〟をどんどん知《し》れるようになる。ぼくみたいに障《しょう》がいをもっている選手《せんしゅ》ならなおさら、自分《じぶん》にできることと、できないことをはっきり理解《りかい》することがとても大切《たいせつ》になる。弱点《じゃくてん》を補《おぎな》いながら、ストロングポイントを最大限《さいだいげん》に生《い》かして挑戦《ちょうせん》する。これが、カベをよじのぼるための方法《ほうほう》だ。

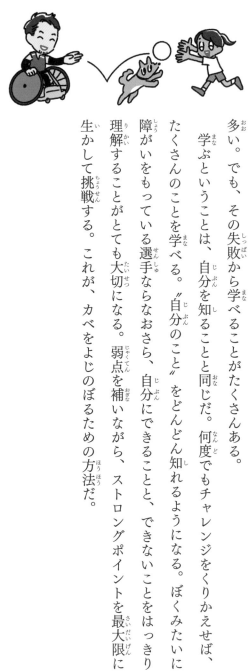

なかなか乗《の》りこえられない大《おお》きなカベにぶつかれば、のぼることをあきらめたくなる人《ひと》だっているかもしれない。

でも、ぼくは逆《ぎゃく》。カベが大《おお》きいほど、それを乗《の》りこえようとするチャレンジが楽《たの》しい。どれだけ地道《じみち》なトレーニングが必要《ひつよう》でも、それが大事《だいじ》とわかれば打《う》ちこめるし、どんなに難《むずか》しいチャレンジでも、あきらめなければぜったいに乗《の》りこえられると信《しん》じている。その過程《かてい》で〝自分《じぶん》を知《し》ること〟は、スポーツで夢《ゆめ》をかなえるためにも、ひとりの人間《にんげん》として強《つよ》く生《い》きていくためにも、ぜったいに必要《ひつよう》なことだと感《かん》じている。

障《しょう》がいがあっても、なくても、スポーツをやっていれば、かならず大《おお》きなカベにぶつかるときがくる。でも、きっとそれは自分《じぶん》の成長《せいちょう》をあきらめるきっかけじゃない。むしろ、自分《じぶん》が大《おお》きく成長《せいちょう》するためのチャンスだと考《かんが》えて、過程《かてい》を大切《たいせつ》にしながら、チャレンジを楽《たの》しんでほしい。

ヒント 05

落《お》ちこむ私《わたし》の背中《せなか》を押《お》してくれたおじさんの言葉《ことば》。「乗《の》りこえられないカベはない」

もし大《おお》きなカベにぶつかったなら
思《おも》い出《だ》してほしい言葉《ことば》があるよ！

ミチシタ先生《せんせい》からキミへ

中学《ちゅうがく》2年生《ねんせい》のときの話《はなし》です。目《め》の手術《しゅじゅつ》のため、私《わたし》は入院《にゅういん》と退院《たいいん》をくりかえしていました。

手術《しゅじゅつ》することはすごくこわかったけれど、お父《とう》さんとお母《かあ》さんは「もしかしたら見《み》えるようになるかもしれない」「だから希望《きぼう》を持《も》って手術《しゅじゅつ》しよう」とはげましてくれました。だから、私《わたし》も、可能性《かのうせい》を信《しん》じてがんばりました。

あのとき、私《わたし》の心《こころ》の支《ささ》えになった存在《そんざい》がもうひとりいました。入院中《にゅういんちゅう》に病院《びょういん》で出会《であ》ったおじさん。名前《なまえ》も年齢《ねんれい》もわかりません。

「乗《の》りこえられないカベなんてないんだよ」

おじさんはそう言《い》って続《つづ》けました。

「目《め》が不自由《ふじゆう》になってしまったキミは、それを乗《の》りこえられる人《ひと》でもあるんだ。だから、キミは選《えら》ばれた人《ひと》かもしれないね」

私《わたし》にとって、その言葉《ことば》は心《こころ》にひびきました。どんなにつらいことがあっても、そういうふうに考《かんが》えられる人《ひと》になりたい。そう思《おも》いました。

くわしいことはわからないけれど、事故《じこ》にあったというおじさんは何度《なんど》も手術《しゅじゅつ》をくりかえしていて、病院《びょういん》の中《なか》をいつも車《くるま》いすで移動《いどう》していました。調理師《ちょうりし》で、奥《おく》さんとふたりでお店《みせ》をやっていたけれど、もう仕事《しごと》にはもどれないかもしれない、と。でも、ぜったいに体《からだ》をなおして仕事《しごと》にもどりたいんだ。そんな話《はなし》をしてくれました。

自分《じぶん》がとても苦《くる》しい思《おも》いをしているのに、すごく前向《まえむ》きで、私《わたし》にも勇気《ゆうき》づける言葉《ことば》を伝《つた》えてくれて……そんなおじさんのことを「すごいなあ」と思《おも》いました。

だから、私《わたし》も、精《せい》いっぱいがんばりました。うまくいかないことばかりだったし、目《め》

の病気《びょうき》は悪《わる》くなるばかりだったけれど、おじさんの言葉《ことば》や、はげましてくれる家族《かぞく》や友《とも》だちの存在《そんざい》がいつも私《わたし》を助《たす》けてくれました。

20歳《さい》になるころ、病気《びょうき》のことを親友《しんゆう》に明《あ》かしました。親友《しんゆう》はこう言《い》ってくれました。

「気《き》づいてあげられなくて、本当《ほんとう》にごめんね。目《め》が不自由《ふじゆう》な友《とも》だちがいないから、なにを手伝《てつだ》えばいいかわからないけれど、でも私《わたし》にできることがあったらなんでも言《い》ってね。いっしょに乗《の》りこえていこう」

目《め》が見《み》えなくなったら、ひとりになっちゃうかもしれない――。そんな私《わたし》の不安《ふあん》は一《いっ》気《き》にふき飛《と》びました。

「乗《の》りこえられないカベなんてないんだよ」

おじさんの言葉《ことば》は、いまも私《わたし》の心《こころ》に残《のこ》っています。みなさんが、もし、大《おお》きなカベにぶつかっているなら、今度《こんど》は私《わたし》から同《おな》じ言葉《ことば》をおくりたいと思《おも》います。

17歳《さい》のときに
事故《じこ》にあった。
片足《かたあし》がなくなっても
「スノーボードが
やりたい！」と
本気《ほんき》で思《おも》った。

ヤマモト先生《せんせい》からキミへ

小《ちい》さな可能性《かのうせい》でも、あきらめない
強《つよ》い思《おも》いがあれば道《みち》はひらける

17歳《さい》のときに経験《けいけん》したバイク事故《じこ》が、ぼくが障《しょう》がいをかかえることになった理由《りゆう》だ。その瞬間《しゅんかん》のことは、ほとんど覚《おぼ》えていない。気《き》づいたときにはたおれていて、そこに通《とお》りかかった小学生《しょうがくせい》が連絡《れんらく》してくれて、ぼくは救急車《きゅうきゅうしゃ》で運《はこ》ばれた。

左足《ひだりあし》を切断《せつだん》しなければならないことは、すぐに先生《せんせい》から聞《き》かされた。すごくつらかったけれど、生《い》きるためにはしかたのない選択《せんたく》だった。

自分《じぶん》の左足《ひだりあし》がなくなる……そんなことになるなんて、思《おも》ってもみなかった。なのに、自分《じぶん》で言《い》うのもちょっとおかしいけれど、あのときのぼくは強《つよ》かった。

「先生《せんせい》、左足《ひだりあし》がなくなっても、スポーツはできますか?」

足《あし》を切断《せつだん》する手術《しゅじゅつ》の前《まえ》、ぼくはお医者《いしゃ》さんにそう聞《き》いた。

子《こ》どものころからスノーボードが大好《だいす》きだったから、左足《ひだりあし》がなくなってもスノーボードですべれるかどうかを知《し》りたかった。

先生《せんせい》は「わからない」と言《い》うから、「どうしてわからないんですか？」と聞《き》いた。すると先生《せんせい》は「聞《き》いたことがない」と言《い》った。片足《かたあし》でスポーツをやっているアスリートはたくさんいると思《おも》う。見《み》たこともあるし、聞《き》いたこともある。でも、スノーボードはわからないと。

「どうにかして、スノーボードをやりたい」

いろいろな人《ひと》に聞《き》いた。だれもはっきりとは答《こた》えてくれなかった。あのときのぼくは、「スノーボードをやりたい」という希望《きぼう》にあふれていた。左足《ひだりあし》がなくなることだってぜんぜんこわくない。だって、いままでずっとスノーボードをやってきたのに、それがぜんぶムダになるなんてもったいないじゃん！　左足《ひだりあし》がなくなったくらいで人生《じんせい》がつ

まらなくなっちゃうなんて、そんなのイヤだ！

そんなことを考《かんが》えているうちに、運命的《うんめいてき》な出会《であ》いがあった。知《し》り合《あ》いが持《も》ってきてくれた雑誌《ざっし》に、なんと、義足《ぎそく》で競技《きょうぎ》をやっているプロスノーボーダーのことが特集《とくしゅう》されていたんだ。「義足《ぎそく》」というのは、病気《びょうき》や事故《じこ》によって足《あし》を切断《せつだん》してしまった人《ひと》のためにつくられた〝人工《じんこう》の足《あし》〟のことだ。

「先生《せんせい》、義足《ぎそく》のスノーボーダー、いるじゃん！」

一気《いっき》に気持《きも》ちがたかぶった。だから、ぼくは手術後《しゅじゅつご》のリハビリをがんばった。

それからずいぶんたって、２０１８年《ねん》。ぼくはスノーボードの日本代表《にほんだいひょう》として平昌《ピョンチャン》パラリンピックの舞台《ぶたい》に立《た》つことができた。

あのとき、あきらめなくてよかった。どんなに小《ちい》さな可能性《かのうせい》でも、そこに自分《じぶん》の気持《きも》ちがあれば、道《みち》はひらける。心《こころ》から、ぼくはそう思《おも》う。

イケの
こぼれ話《ばなし》コラム

車《くるま》いすラグビーのおもしろさって？

じつは車《くるま》いすバスケから車《くるま》いすラグビーに転向《てんこう》して最初《さいしょ》の1年《ねん》くらいは、本当《ほんとう》にもうしわけないんだけれど、「車《くるま》いすラグビーっておもしろくないな」と思《おも》っていたんだ（笑《わらい》）。

どこからでもドーン！　といきなり相手《あいて》がぶつかってくるし、ボールがないのに転《ころ》ばされるから「なんなんだ、これは！」って腹《はら》が立《た》っていた。ぼくは足《あし》が曲《ま》がらないから座面《ざめん》が高《たか》い車《くるま》いすを使《つか》っている。そのぶん、高《たか》い位置《いち》から相手《あいて》にじゃまされずにパスを通《とお》せるんだけど、重心《じゅうしん》が高《たか》いから「こいつ、たおせるぞ」と思《おも》われて、どんどんぶつかられてしまうんだ。

でも、頭《あたま》を使《つか》えばなんとかなるぞ、と気《き》づいたら、「じつはおもしろい」って思《おも》うようになった。車《くるま》いすで相手《あいて》の動《うご》きを止《と》めて、味方《みかた》のために道《みち》をつくる「スクリーン」というプレーがある。ハイポインターと呼《よ》ばれる障《しょう》がいが軽《かる》くて速《はや》い相手選手《あいてせんしゅ》を、障《しょう》がいが重《おも》いローポインターの選手《せんしゅ》がスクリーンすることでチームに貢献《こうけん》したり、タイミングやルールを利用《りよう》して頭《あたま》を使《つか》ってやるスポーツだと気《き》づいてから、ラグビーの楽《たの》しさと難《むずか》しさがわかった。障《しょう》がいの程度《ていど》も人《ひと》それぞれだから、ボールをしっかりつかめない代《か》わりにボールを打《う》って正確《せいかく》なパスを出《だ》す選手《せんしゅ》がいたり、「すごいな」って思《おも》う選手《せんしゅ》もたくさんいる。車《くるま》いすラグビーは、本当《ほんとう》におもしろいスポーツだと思《おも》う。

第《だい》2章《しょう》

自《じ》分《ぶん》らしくがんばるためのヒント

ヒント 07

マラソンの楽《たの》しさは「がんばれば、がんばるほど」。知《し》らない自分《じぶん》に何度《なんど》も出会《であ》える。

ミチシタ先生《せんせい》からキミへ

だれでも努力《どりょく》が結果《けっか》にあらわれる
だからマラソンって楽《たの》しい！

私《わたし》が夢中《むちゅう》になっている視覚障《しかくしょう》がい者《しゃ》のマラソン競技《きょうぎ》、ブラインドマラソンについて、少《すこ》しくわしくお話《はな》ししようと思《おも》います。

マラソンの魅力《みりょく》は、「がんばれば、がんばるほど」。努力《どりょく》がそのまま結果《けっか》につながって、努力《どりょく》するほどに自分《じぶん》の成長《せいちょう》を感《かん》じられることだと思《おも》います。

そのことを感《かん》じられるのは、本気《ほんき》でマラソンと向《む》き合《あ》っているアスリートだけじゃありません。楽《たの》しむことを目的《もくてき》としている人《ひと》でも、ダイエットのために走《はし》っている人《ひと》でも、もちろん大人《おとな》でも、子《こ》どもでも、みんなの努力《どりょく》がそれぞれ〝結果《けっか》〟になってあらわれるところに、マラソンの大《おお》きな魅力《みりょく》があると私《わたし》は思《おも》います。

もちろん私自身《わたしじしん》も、そんなマラソンの魅力《みりょく》にハマっています。

練習《れんしゅう》はものすごくキツいです。ものすごく大変《たいへん》です。私《わたし》だって「練習《れんしゅう》したくなーい！」と思《おも》ったことは何度《なんど》もあるけれど、だからこそ楽《たの》しいし、だからこそワクワクする。コンディションはその日《ひ》によってちがうから、同《おな》じレースなんてひとつもありません。練習《れんしゅう》どおりに、イメージどおりに走《はし》るのって、本当《ほんとう》に難《むずか》しい。でも、難《むずか》しいことに挑戦《ちょうせん》すると、その途中《とちゅう》でたくさんの出会《であ》いがあります。人《ひと》に出会《であ》ったり、走《はし》って気持《きも》ちがいい街《まち》に出会《であ》ったり。そうそう、「いままで知《し》らなかった自分《じぶん》」にもきっと出会《であ》えますよ。それってすごくステキなことだと思《おも》いませんか？

ブラインドマラソンは、障《しょう》がいの程度《ていど》によって3つのクラスに分《わ》かれています。私《わたし》は「T《ティー》12（B《ビー》2）」クラス。コースやペースをガイドしてくれる伴走者《ばんそうしゃ》といっしょに走《はし》るか、ひとりで走《はし》るかを選《えら》べるクラスで、私《わたし》は伴走者《ばんそうしゃ》といっしょにレースに参加《さんか》しています。ここが、普通《ふつう》のマラソンとの大《おお》きなちがいです。

伴走者《ばんそうしゃ》とは、いつも思《おも》いをひとつにしなければいけません。

私《わたし》が走《はし》りたいペースがある。でも、伴走者《ばんそうしゃ》は「もっと速《はや》く」と思《おも》っている。そのときにどんなコミュニケーションをとって、おたがいにとって一番《いちばん》いい決断《けつだん》をするか。自分《じぶん》たちがイメージする〝結果《けっか》〟に対《たい》して、ちゃんと同《おな》じ方向《ほうこう》を向《む》けるか。レース本番《ほんばん》だけでなく、練習《れんしゅう》でも、日《ひ》ごろのコミュニケーションでも、ひとつひとつの意思《いし》のすり合《あ》わせがすごく大切《たいせつ》なんです。

これまでに、失敗《しっぱい》の経験《けいけん》も、成功《せいこう》の経験《けいけん》もたくさんありました。伴走者《ばんそうしゃ》との忘《わす》れられない思《おも》い出《で》もたくさんあります。でも、そのひとつひとつが自分《じぶん》の成長《せいちょう》につながっていることはまちがいありません。

みなさんも想像《そうぞう》してみてください。「だれかといっしょに42・195キロを走《はし》る」って、すっごく大変《たいへん》でしょ？（笑《わらい》）

がんばれば、がんばるほど――。マラソンに夢中《むちゅう》になっている私《わたし》は、それまで知《し》らなかった自分《じぶん》に何度《なんど》も出会《であ》うことができました。

可能性《かのうせい》が
「ゼロじゃない」
ならやってみる。
小《ちい》さな目標《もくひょう》を立《た》てて
一歩《いっぽ》ずつ前《まえ》へ！

ヤマモト先生《せんせい》からキミへ

自分《じぶん》を信《しん》じて一歩《いっぽ》ずつチャレンジ
それが思《おも》わぬ幸運《こううん》を運《はこ》んでくれる

２０１８年《ねん》の平昌《ピョンチャン》パラリンピックで、スノーボードが正式競技《せいしききょうぎ》になるって!?

このことを知《し》ったぼくの心《こころ》は、おどった。

陸上選手《りくじょうせんしゅ》として、はじめてパラリンピックに出場《しゅつじょう》したのが２００８年《ねん》の北京大会《ペキンたいかい》。それから２０１２年《ねん》のロンドン大会《たいかい》、２０１６年《ねん》のリオデジャネイロ大会《たいかい》と、それまでに３大会連続《たいかいれんぞく》で、ぼくは夏季《かき》パラリンピックに出場《しゅつじょう》していた。

出場種目《しゅつじょうしゅもく》は１００メートル、２００メートル、走《はし》り幅跳《はばと》び、４×１００メートルリレーの４つ。パラリンピックでは、銀《ぎん》メダルを2個《こ》と、銅《どう》メダルを1個《こ》、合計《ごうけい》3個《こ》のメダルを獲得《かくとく》することができて、自分《じぶん》でも信《しん》じられないほどすばらしい競技生活《きょうぎせいかつ》をおくることができていた。

ところが、冬季《とうき》パラリンピックで、ぼくの大好《だいす》きなスノーボードがついに正式競技《せいしききょうぎ》に採用《さいよう》されるという。

「ぜったいにチャレンジしたい！」「ぜったいに出場《しゅつじょう》したい！」

興奮《こうふん》したぼくは、すぐに日本《にほん》パラリンピック委員会《いいんかい》に連絡《れんらく》した。いろいろな人《ひと》に聞《き》いて、スノーボードの代表選手《だいひょうせんしゅ》として平昌大会《ピョンチャンたいかい》に出場《しゅつじょう》する可能性《かのうせい》をさぐった。

ある人《ひと》に言《い》われた。

「可能性《かのうせい》はかぎりなくゼロに近《ちか》いけど、ゼロではないよ」

ぼくは答《こた》えた。

「ゼロじゃないなら、やります！」

リオデジャネイロパラリンピックが終《お》わった2016年夏《ねんなつ》、ぼくはすぐに頭《あたま》を切《き》りかえて、陸上選手《りくじょうせんしゅ》からスノーボード選手《せんしゅ》に変身《へんしん》した。ラッキーなことに2017年《ねん》2月《がつ》の全国障《ぜんこくしょう》がい者《しゃ》スノーボード選手権《せんしゅけん》で勝《か》つことができて、日本代表選手《にほんだいひょうせんしゅ》としてワールドカップに出場《しゅつじょう》できることになった。

じつは、スノーボードをずっと続《つづ》けていたわけじゃない。大学《だいがく》を卒業《そつぎょう》して、社会人《しゃかいじん》になってからは、すっかり陸上《りくじょう》に集中《しゅうちゅう》していたから、事故《じこ》にあう前《まえ》に大好《だいす》きだったスノーボードも1、2回《かい》やったくらいだった。

そんなぼくがラッキーで出場《しゅつじょう》できたワールドカップで、またとんでもないラッキーが起《お》きた。とてつもなく難《むずか》しいコースで有力選手《ゆうりょくせんしゅ》が次《つぎ》つぎと転《ころ》んで、ぼくはなぜかゴールまですべりきることができた。その大会《たいかい》で、ぼくは6位入賞《いにゅうしょう》をはたした。その成績《せいせき》によって、平昌《ピョンチャン》パラリンピックへの道《みち》がひらけた。

たくさんの幸運《こううん》が重《かさ》なったことはまちがいない。ただ、それもチャレンジしたからこそ起《お》きたラッキーだとぼくは思《おも》う。

スポーツでは、そういうことが起《お》こるからおもしろい。最後《さいご》まで自分《じぶん》を信《しん》じて、チャレンジして、戦《たたか》いきったごほうびとして〝ラッキー〟をもらえるときがたまにある。

だから、可能性《かのうせい》がゼロじゃないなら、ぜったいにあきらめちゃダメだ。小《ちい》さな一歩《いっぽ》が、いつか大《おお》きな一歩《いっぽ》になる。自分《じぶん》を信《しん》じて、できることはぜんぶやってみよう！

09

心《こころ》の「矢印《やじるし》」を自分《じぶん》に向《む》ければひとりきりの練習《れんしゅう》もグッと楽《たの》しくなる。

イケ先生《せんせい》からキミへ

目標《もくひょう》と考《かんが》える力《ちから》があればがんばれる成長《せいちょう》に気《き》づいたときのワクワクを知《し》ろう

車《くるま》いすバスケットボールの選手《せんしゅ》として活動《かつどう》した約《やく》10年間《ねんかん》、ぼくは無我夢中《むがむちゅう》で日本代表《にほんだいひょう》選手《せんしゅ》になることをめざした。

始《はじ》めたばかりのころは、いろんな人《ひと》に「ムリだ」と言《い》われた。車《くるま》いすバスケットボールをやるには、ぼくがかかえている障《しょう》がいが重《おも》すぎたからだ。でも、あきらめられない理由《りゆう》があった。事故《じこ》で亡《な》くなった友《とも》だちに「生《い》きた証《あかし》」を示《しめ》さなきゃならない。

その努力《どりょく》が少《すこ》しずつ実《みの》りはじめて、ついに日本代表《にほんだいひょう》の候補《こうほ》メンバーに選《えら》ばれた。はじめて日《ひ》の丸《まる》がついたユニフォームにそでを通《とお》したときは本当《ほんとう》にうれしかった。

でも、ずっと夢《ゆめ》に見《み》ていた２０１２年《ねん》のロンドンパラリンピックに出場《しゅつじょう》することはできなかった。目標《もくひょう》を失《うしな》ってしまったぼくは、どうしていいかわからなかった。そんなときに〝新《あたら》しい可能性《かのうせい》〟を示《しめ》してくれたのが、車《くるま》いすラグビーだった。

バスケットボールは中学時代《ちゅうがくじだい》に部活動《ぶかつどう》でやっていたけれど、ラグビーをプレーするのははじめてだった。しかも、健常者《けんじょうしゃ》のラグビーと車《くるま》いすラグビーとでは、特徴《とくちょう》もルールも大《おお》きくちがう。

たとえば、車《くるま》いすラグビーで使《つか》うボールは「だ円《えん》」の形《かたち》じゃない。バスケットボールと同《おな》じ「まん丸《まる》」なんだけど、すごく軽《かる》いのが特徴《とくちょう》だ。風《かぜ》の影響《えいきょう》を受《う》けるし、投《な》げるときに回転《かいてん》をつけるとすぐに曲《ま》がってしまう。

それに、選手《せんしゅ》がかかえている障《しょう》がいも、それぞれちがう。パスを通《とお》すときは、受《う》ける選手《せんしゅ》に合《あ》った球質《きゅうしつ》のボールを投《な》げないとつながらないから、正確《せいかく》さが求《もと》められる。1回《かい》のミスが勝敗《しょうはい》をわけてしまう、とても難《むずか》しいスポーツだ。

競技《きょうぎ》がバスケットボールからラグビーに変《か》わっても、ぼくの目標《もくひょう》は変《か》わらなかった。日本代表《にほんだいひょう》の一員《いちいん》になって、パラリンピックに出場《しゅつじょう》する。結果《けっか》を残《のこ》して「生《い》きた証《あかし》」をはっきりと示《しめ》す。ぜったいに、その夢《ゆめ》をかなえたかった。

車《くるま》いすラグビーは初心者《しょしんしゃ》だったけれど、だからこそ、ぼくはがむしゃらに練習《れんしゅう》した。

体育館《たいいくかん》のカベに無数《むすう》にあるフシをねらって、ボールを投《な》げ続《つづ》けた。車《くるま》いすを思《おも》いどおりに動《うご》かせるように、筋力《きんりょく》トレーニングをしてパワーをつけた。自分《じぶん》のプレー映像《えいぞう》を何度《なんど》も確認《かくにん》して、課題《かだい》だと思《おも》うところを改善《かいぜん》するために、必要《ひつよう》なすべての技術《ぎじゅつ》をみがき続《つづ》けた。

スポーツをやっていると、「ミスをしても大丈夫《だいじょうぶ》」「ミスはつきものだから」と言《い》われることがあると思《おも》う。でも、ぼくは「ミスをゼロにしなきゃ目標《もくひょう》にたどりつけない」と自分《じぶん》に言《い》い聞《き》かせていた。自分《じぶん》のプレーにこだわりをもって、どんな試合《しあい》でも自分《じぶん》を表現《ひょうげん》できるように、技《わざ》をみがいた。

どんなにそのスポーツが好《す》きでも、たったひとりで練習《れんしゅう》するのは簡単《かんたん》じゃない。でも、はっきりとした目標《もくひょう》があって、それを実現《じつげん》するためになにをすればいいかを考《かんが》えることができれば、きっとひとりでも練習《れんしゅう》できるし、うまくなれる。

成長《せいちょう》した自分《じぶん》に気《き》づけたら、もうこっちのもの。ワクワクするあの瞬間《しゅんかん》を、ぼくは、みんなにも味《あじ》わってほしいんだ。

10
ヒント

どんな自分《じぶん》でも、世界《せかい》にひとりしかいない。だから、自分《じぶん》らしさをもっと楽《たの》しんで！

自分《じぶん》に自信《じしん》が持《も》てないときも
仲間《なかま》の笑顔《えがお》のためなら前《まえ》を向《む》ける

ミチシタ先生《せんせい》からキミへ

マラソンを始《はじ》めてからずっと、本当《ほんとう》にたくさんの人《ひと》に応援《おうえん》してもらっています。

私自身《わたしじしん》にまわりの人《ひと》たちを〝まきこむ力《ちから》〟や、〝人《ひと》をひきつける魅力《みりょく》〟があるわけじゃありません。

私《わたし》には大《おお》きな夢《ゆめ》がある。でも、ぜったいにひとりじゃかなえられないから、「いっしょにがんばってください！」とお願《ねが》いしている感《かん》じ……かな？　そんな私《わたし》の思《おも》いに共感《きょうかん》してくれて、ちっぽけな私《わたし》の可能性《かのうせい》を信《しん》じてくれる人《ひと》たちがまわりにたくさんいてくれて……だから、私《わたし》は、いつも純粋《じゅんすい》で前向《まえむ》きな気持《きも》ちで、夢《ゆめ》に向《む》かってチャレンジできているんだと思《おも》います。

ちょっとはずかしいけれど、何歳《なんさい》になっても子《こ》どもみたいでしょ？（笑《わらい》）

そんな感《かん》じだから、私《わたし》は〝アスリート〟という意識《いしき》がとても低《ひく》いアスリートなのかもしれません。

そのかわり、スポーツを心《こころ》から楽《たの》しんでいる。「走《はし》るのが楽《たの》しい」という気持《きも》ちをいまでもはっきりと持《も》ち続《つづ》けている。それが、私《わたし》にとっての原動力《げんどうりょく》のひとつ。

もうひとつの原動力《げんどうりょく》は、信《しん》じてくれる人《ひと》、応援《おうえん》してくれる人《ひと》たちのよろこぶ姿《すがた》です。いちどでもあれを見《み》てしまうと、やめられなくなっちゃうんですよね～（笑《わらい》）。

２０１６年《ねん》のリオデジャネイロパラリンピック。私《わたし》は銀《ぎん》メダルを手《て》にすることができました。帰国《きこく》のとき、空港《くうこう》には本当《ほんとう》にたくさんの人《ひと》がかけつけてくれて、私《わたし》の帰《かえ》りを待《ま》ってくれていました。私《わたし》の大好物《だいこうぶつ》のからあげを持《も》ってきてくれた人《ひと》もいたんですよ！

あ、そうそう！　まだマラソンを始《はじ》めたばかりのころにも、こんなことがありました。はじめて出場《しゅつじょう》した全国障《ぜんこくしょう》がい者《しゃ》スポーツ大会《たいかい》で金《きん》メダルをもらって、盲学校《もうがっこう》に帰《かえ》ってきたら……。そこに「おめでとう」と書《か》かれた大玉《おおだま》があったんです。本当《ほんとう》に、うれしくて、うれしくて……。忘《わす》れられない大切《たいせつ》な思《おも》い出《で》です。

もしかしたら、みなさんにも似《に》たような経験《けいけん》があるかもしれませんね。自分《じぶん》がやったことで、お父《とう》さんやお母《かあ》さん、それから友《とも》だちがよろこんでくれる。その笑顔《えがお》が見《み》たいから、またがんばれる。そんな経験《けいけん》、ありませんか？

私《わたし》には、目《め》が見《み》えないという障《しょう》がいがあります。身長《しんちょう》も低《ひく》くて、１４４センチしかありません。それなのにマラソンに挑戦《ちょうせん》して、パラリンピック出場《しゅつじょう》をめざして、さらに金《きん》メダルを取《と》りたいと思《おも》うようになって……。

目《め》の病気《びょうき》になってからもそう。マラソンを始《はじ》めてからもそう。ずっと「だれかにめいわくをかけてしまう」ことをもうしわけなく感《かん》じていたし、自分《じぶん》に自信《じしん》が持《も》てませんでした。

でも、そんな私《わたし》を支《ささ》えてくれる仲間《なかま》、信《しん》じて応援《おうえん》してくれる人《ひと》、いっしょによろこんでくれる人《ひと》の笑顔《えがお》を見《み》ると「これでいいんだ」と思《おも》えるんです。どんな自分《じぶん》でも、私《わたし》は私《わたし》。これからも、自分《じぶん》の人生《じんせい》を楽《たの》しんで生《い》きたいと思《おも》います！

どれだけやっても
うまくいかない！
そんなときは
「実験《じっけん》」感覚《かんかく》で
やりかたを
変《か》えてみる。

ヤマモト先生《せんせい》からキミへ

練習《れんしゅう》は挑戦《ちょうせん》と失敗《しっぱい》のくりかえし 意識《いしき》を変《か》えてしげきを入《い》れよう

「こんなに練習《れんしゅう》しているのに、どうしてうまくならないんだろう？」

そう思《おも》ったことがある人《ひと》、きっとたくさんいるよね。

高校卒業後《こうこうそつぎょうご》、義肢装具士《ぎしそうぐし》（義足《ぎそく》などをつくる人《ひと》）になるために専門学校《せんもんがっこう》へと入《はい》ったぼくは、そこで競技用《きょうぎよう》の義足《ぎそく》と出会《であ》い、陸上《りくじょう》を始《はじ》めた。

すっかり陸上《りくじょう》の魅力《みりょく》にハマってしまったから、もっと本気《ほんき》で陸上《りくじょう》に取《と》りくむために、２００４年《ねん》には大阪体育大学《おおさかたいいくだいがく》に入学《にゅうがく》して、陸上競技部《りくじょうきょうぎぶ》に入《はい》った。

そこで、おどろいた。

練習《れんしゅう》のやりかたが、それまでとはぜんぜんちがったからだ。

専門学校時代《せんもんがっこうじだい》のぼくは、同《おな》じ練習《れんしゅう》を毎日《まいにち》、しかもできるだけたくさんやろうとしていた。でも、大学《だいがく》ではトレーニングメニューが毎日《まいにち》のようにちがって、しかも〝休《やす》みの日《ひ》〟もちゃんとあった。

理由《りゆう》を聞《き》くと、「スポーツ科学《かがく》にもとづいたやりかたなんだ」と言《い》われた。最初《さいしょ》はよくわからなかったけれど、言《い》われたとおりにやっていたら、ぼくの実力《じつりょく》はおもしろいように伸《の》びた。

つまり、練習《れんしゅう》には〝しげき〟が必要《ひつよう》で、同《おな》じことを、同《おな》じ意識《いしき》でやり続《つづ》けてもうまくなれない。ぼくははじめて、そのことに気《き》づいた。

ぼくたち人間《にんげん》は、同《おな》じことをやり続《つづ》けると、頭《あたま》や体《からだ》がなれてしまう。なれてしまうと、成長《せいちょう》するのは難《むずか》しい。

だから、たとえ同《おな》じ練習《れんしゅう》をやるとしても、少《すこ》しだけ意識《いしき》を変《か》えてみるといい。100メートルを全力《ぜんりょく》で走《はし》るとき、最初《さいしょ》は風《かぜ》を意識《いしき》してみる。次《つぎ》はおしりの筋肉《きんにく》を意識《いしき》してみ

る。そんな感《かん》じで、ひとつひとつの練《れん》習《しゅう》にしげきを入《い》れるんだ。

練《れん》習《しゅう》は、チャレンジと失《しっ》敗《ぱい》のくりかえし。そのなかで、「次《つぎ》はこうしてみよう」「その次《つぎ》はああやってみよう」といろいろな工《く》夫《ふう》をこらして、自《じ》分《ぶん》が求《もと》める答《こた》えに近《ちか》づこうとする。だからこそ、いろんな角《かく》度《ど》からのしげきが必《ひつ》要《よう》だよね。みんなはそういう意《い》識《しき》を持《も》って練《れん》習《しゅう》したことがあるかな？

子《こ》どものときは、スポーツを教《おし》えてくれる大人《おとな》、監《かん》督《とく》やコーチに言《い》われるままに練《れん》習《しゅう》をすることが多《おお》いと思《おも》う。でも、〝なんとなく〟の気《き》持《も》ちでやっていたら、どれだけたくさんの時《じ》間《かん》を使《つか》ってもうまくなれないよ。

この練《れん》習《しゅう》はこういう意《い》識《しき》でやってみよう。次《つぎ》はやりかたを変《か》えてみよう。そういう〝実《じっ》験《けん》〟がとても大《たい》切《せつ》。ぼくは大《だい》学《がく》生《せい》になってから気《き》づいたけれど、みんなは少《すこ》しでも早《はや》く、そんな〝実《じっ》験《けん》〟感《かん》覚《かく》を持《も》って、毎《まい》日《にち》の練《れん》習《しゅう》に取《と》りくんでみてほしいな。

ヒント12

なやんだり
迷《まよ》ったりしたら
いちど立《た》ち止《ど》まって
自分《じぶん》の本当《ほんとう》の
気持《きも》ちに耳《みみ》を
かたむけてみよう。

イケ先生《せんせい》からキミへ

きみにとって「夢《ゆめ》」はどんなもの？ それを確認《かくにん》して、一歩《いっぽ》ずつ前《まえ》へ

夢《ゆめ》や目標《もくひょう》を持《も》つことは、やっぱり、とても大切《たいせつ》なことだと思《おも》う。

夢《ゆめ》があるから目標《もくひょう》ができて、目標《もくひょう》があるからそれに向《む》かって努力《どりょく》できる。うまくなりたいから、レギュラーになりたいから、大会《たいかい》で優勝《ゆうしょう》したいから、たくさん練習《れんしゅう》する。練習《れんしゅう》するとうまくなって、自信《じしん》がついて、人間《にんげん》としても成長《せいちょう》する。そうやって、スポーツを通《つう》じて学《まな》び、成長《せいちょう》してきた人《ひと》が、きっとたくさんいるはずだ。

ぼくは交通事故《こうつうじこ》によって障《しょう》がいをかかえることになって、それによって〝できないこと〟がたくさんあったからこそ、「ああなりたい」「こうなりたい」という夢《ゆめ》を持《も》つことができたし、それを実現《じつげん》するためにたくさんの目標《もくひょう》を設定《せってい》してきた。むしろ、障《しょう》がいがなかったらそんなに強《つよ》い心《こころ》を持《も》てなかったかもしれない。そう思《おも》うくらい「成長《せいちょう》し続《つづ》ける」って大変《たいへん》なことだ。

もちろん、ぼくだって一歩《いっぽ》ずつ前《まえ》に進《すす》んで、新《あたら》しい目標《もくひょう》を設定《せってい》するたびに「これ以上《いじょう》はムリかもしれない」と思《おも》ったこともある。それでも、あきらめることなく考《かんが》えた。いまはまだ、できないかもしれない。でも、いつかできるためにはどうすればいいだろう。そうして何度《なんど》もチャレンジして、一歩《いっぽ》ずつ前《まえ》に進《すす》んできた。他人《たにん》に「ぜったいにムリだ」と言《い》われたことでも、いつだって自分《じぶん》の力《ちから》で実現《じつげん》してきた。気《き》づいたら、いくつもの目標《もくひょう》をクリアして、いくつもの夢《ゆめ》を実現《じつげん》していた。

もちろん簡単《かんたん》じゃない。夢《ゆめ》が大《おお》きければ大《おお》きいほど、クリアしなきゃならない目標《もくひょう》はたくさんあるし、失敗《しっぱい》やざせつを味《あじ》わえば、心《こころ》が折《お》れてしまうことだってあると思《おも》う。夢《ゆめ》を口《くち》にしたところで行動《こうどう》がともなわなければ意味《いみ》がないし、そういう人《ひと》も本当《ほんとう》にたくさんいる。

だからこそ、自分《じぶん》にとってその夢《ゆめ》が、どれだけ大《おお》きな意味《いみ》を持《も》つものなのかを確認《かくにん》することが大切《たいせつ》なんだ。うまくいかなくてなやんだり、努力《どりょく》することがつらくて迷《まよ》ったり

したときは、いちど立《た》ち止《ど》まってみてほしい。

きみにとってその「夢《ゆめ》」は、どれだけ大《おお》きな意味《いみ》を持《も》つものなんだろう？特別《とくべつ》なもの？ ぜったいにかなえたいもの？ じっくり考《かんが》えて、もしも本気《ほんき》でそう思《おも》えるなら、あきらめないで、ほんの少《すこ》しずつでいいから前《まえ》に進《すす》んでみてほしい。

ぼくだって、夢《ゆめ》や目標《もくひょう》をあきらめそうになったことは何度《なんど》もあるよ。でも、交通事故《こうつうじこ》で亡《な》くなった友《とも》だちに「生《い》きた証《あかし》を示《しめ》したい」という気持《きも》ちはぜったいに変《か》わらなかったし、そのために大好《だいす》きなスポーツでパラリンピックに出場《しゅつじょう》したいという夢《ゆめ》はまったくブレなかった。

夢《ゆめ》や目標《もくひょう》は、かならずみんなの力《ちから》になってくれる。だから、何度《なんど》でも立《た》ち止《ど》まって、そのたびに自分《じぶん》の夢《ゆめ》の大《おお》きさを確認《かくにん》して、まわりの人《ひと》に「まだやるの？」と言《い》われるくらいに何度《なんど》でもチャレンジしてほしい。夢《ゆめ》を追《お》いかけることの価値《かち》や意味《いみ》は、そればかりやってきたぼくが保証《ほしょう》するよ！

ミチシタの
こぼれ話《ばなし》コラム

カベがあったら、情報《じょうほう》を集《あつ》める

もし、自分《じぶん》の進《すす》みたい先《さき》に大《おお》きなカベが立《た》ちふさがっていたら、みんなならどうしますか？

これってつまり、なにか困《こま》ったことに直面《ちょくめん》したときに、どうやって乗《の》りこえるか、ということですよね。私《わたし》の場合《ばあい》は、視覚《しかく》障《しょう》がい者《しゃ》であるという理由《りゆう》もあるのかもしれないけれど、とにかく“情報《じょうほう》”を集《あつ》めます。まわりの人《ひと》たちに、「こういうカベがあるんだけど、どうしたらいいかな？」と聞《き》いてみたり、インターネットを使《つか》って調《しら》べたり、どういうアプローチをするのがいいか、情報《じょうほう》を集《あつ》めるんです。

たくさんの情報《じょうほう》から、自分《じぶん》に不必要《ふひつよう》なものは捨《す》てていって、正《ただ》しい情報《じょうほう》だけをそろえていくと、かならず“気《き》づき”があるはずなので、自分《じぶん》が「これだ！」と思《おも》ったことを、信《しん》じてやる。それが私《わたし》の答《こた》えです。

さいわいなことに、私《わたし》は本当《ほんとう》にいい人《ひと》たちにめぐり会《あ》えている人生《じんせい》で、とても幅広《はばひろ》い年代《ねんだい》の友《とも》だちがいます。だから、そのネットワークをフルに活用《かつよう》します（笑《わらい》）。なにかにいきづまったときは、とにかく人《ひと》に会《あ》って、話《はなし》を聞《き》いてみるのが一番《いちばん》。そして、そういうときって、自分《じぶん》とまったくちがうタイプの人《ひと》や、ぜんぜんちがう仕事《しごと》をしているような人《ひと》のほうが、意外《いがい》とヒントを持《も》っていたりするものなんですよね。

第《だい》3章《しょう》

自《じ》分《ぶん》、仲《なか》間《ま》、ライバルと向《む》き合《あ》うためのヒント

ヒント 13

小《ちい》さな「できた」を重《かさ》ねた自信《じしん》が、「できない」自分《じぶん》をふるい立《た》たせた。

ヤマモト先生《せんせい》からキミへ

みんなも、いちど走《はし》ってみない？小《ちい》さな一歩《いっぽ》が前向《まえむ》きになる出発点《しゅっぱつてん》

たぶん、ぼくは、かなり前向《まえむ》きな性格《せいかく》の人間《にんげん》だと思《おも》う。だって、あれだけの事故《じこ》を起《お》こして、左足《ひだりあし》がなくなってしまったのに、いちども〝やりたいこと〟をあきらめたことがないんだから。

事故《じこ》は自分《じぶん》のせいだ。しかたがない。だから左足《ひだりあし》がなくなってしまった自分《じぶん》に「なにができるか」を考《かんが》えて、どんどん行動《こうどう》にうつした。そうしたら、パラスポーツに出会《であ》って、自分《じぶん》の夢《ゆめ》をたくさんかなえることができた。

そんな経験《けいけん》をしてきたからこそ、ぼくは病気《びょうき》や事故《じこ》によって障《しょう》がいをかかえてしまった人《ひと》に会《あ》ったら、「走《はし》ってみない？」と声《こえ》をかけてみる。

みんなびっくりする。それぞれに障《しょう》がいの程度《ていど》はちがうけれど、「もう二度《にど》と走《はし》れない」と思《おも》っている人《ひと》はとても多《おお》い。そういう人《ひと》たちに、ぼくは「とりあえず走《はし》ってみよう」と明《あか》るく声《こえ》をかけてみる。なぜなら、その気《き》になれば、ぜったいに走《はし》れるようになると思《おも》っているからだ。

障《しょう》がいをもってしまったことで、後《うし》ろ向《む》きな気持《きも》ちになってしまうことだってあるかもしれない。でも、障《しょう》がいをもったからといって〝できないことだらけ〟じゃない。できることはたくさんあるし、小《ちい》さなことからどんどんチャレンジして、小《ちい》さな〝できた〟を積《つ》み重《かさ》ねていけば、きっといつか大《おお》きな〝できた〟につながる。それが自信《じしん》になって、やがて前向《まえむ》きな気持《きも》ちになれると思《おも》う。

義足《ぎそく》をはいて、あきらめていた〝走《はし》る〟を経験《けいけん》したとき、その人《ひと》の表情《ひょうじょう》は一気《いっき》に明《あか》るくなる。その気持《きも》ちは、ものすごくよくわかる。だって、自信《じしん》がついて目《め》の前《まえ》の世界《せかい》が大《おお》きく変《か》わることは、ぼく自身《じしん》も経験《けいけん》しているからね。

ぼくだっておどろいた。もう走《はし》れないだろうと思《おも》っていた自分《じぶん》が、リハビリの先生《せんせい》、

義足《ぎそく》をつくる人《ひと》に出会《であ》って、走《はし》れることを知《し》った。いろんな人《ひと》に助《たす》けてもらいながら、左足《ひだりあし》のないぼくがパラリンピックでメダルをもらえるまでになった。子《こ》どものころから大好《だいす》きだったスノーボードでパラリンピックに出場《しゅつじょう》する選手《せんしゅ》になった。

いまの時代《じだい》はインターネットを使《つか》えば、たくさんの情報《じょうほう》を手《て》に入《い》れられるけれど、それでも、チャレンジしないままあきらめてしまったり、心《こころ》をふさいでしまっている人《ひと》がたくさんいると思《おも》う。だから、ぼくは、そういう人《ひと》たちに声《こえ》をかけ続《つづ》けたい。

「走《はし》ってみようよ！」

もちろん、簡単《かんたん》じゃない。たくさんの努力《どりょく》が必要《ひつよう》かもしれない。でも、ぼくはいままでたくさんの人《ひと》に声《こえ》をかけてきたけれど、本当《ほんとう》に走《はし》れるようになる人《ひと》のほうが圧倒的《あっとうてき》に多《おお》いんだ。

走《はし》ることをあきらめないで。きっとまた、走《はし》れるようになるよ！

ぼくは最後《さいご》まで
あきらめない。
その先《さき》に新《あたら》しい
可能性《かのうせい》があると
知《し》っているから。

がんばることだけじゃなくて がんばりかたを知《し》ることが大切《たいせつ》

スポーツをやっていると、監督《かんとく》やコーチ、まわりの大人《おとな》たちから「最後《さいご》まであきらめるな！」とよく言《い》われると思《おも》う。

もちろん、ぼくもそう思《おも》う。試合《しあい》が始《はじ》まったら、試合終了《しあいしゅうりょう》の笛《ふえ》が鳴《な》るまでぜったいにあきらめちゃダメだ。そのことの意味《いみ》や価値《かち》を、これまでに何度《なんど》も感《かん》じてきた。

車《くるま》いすバスケットボールをはじめて約《やく》10年《ねん》。ずっと目標《もくひょう》にしていた日本代表候補選手《にほんだいひょうこうほせんしゅ》の一員《いちいん》として合宿《がっしゅく》に呼《よ》ばれるようになったころのことだ。

ぼくは興奮《こうふん》していた。もしかしたら、日本代表《にほんだいひょう》のユニフォームを着《き》て夢《ゆめ》に見《み》ていた国際大会《こくさいたいかい》に出場《しゅつじょう》できるかもしれない。がんばってきてよかった。努力《どりょく》してきてよかった。

そう思《おも》っていた矢先《やさき》、足《あし》の付《つ》け根《ね》に動脈瘤《どうみゃくりゅう》という病気《びょうき》が見《み》つかった。

自分《じぶん》が生《い》きた証《あかし》を示《しめ》したい、夢《ゆめ》を実現《じつげん》させたい、その気持《きも》ちがゆらいだことは、それまでいちどもなかった。でも、病気《びょうき》がわかったときは、心《こころ》が折《お》れそうになっていることが自分《じぶん》でもはっきりとわかった。

自分《じぶん》の気持《きも》ちの問題《もんだい》じゃない。動脈瘤《どうみゃくりゅう》は命《いのち》にかかわる病気《びょうき》だ。ぼくにもしものことがあったら、家族《かぞく》に迷惑《めいわく》をかけてしまう。自分《じぶん》のなかにどんなに強《つよ》い気持《きも》ちがあったとしても、命《いのち》の危険《きけん》をおかしてまでそれをつらぬくことはできない。

じつは、病気《びょうき》に気《き》づくきっかけをくれたのが当時《とうじ》2歳《さい》の長男《ちょうなん》だった。だからこそ、ぼくは思《おも》った。

スポーツで目標《もくひょう》を実現《じつげん》することは、もうできないかもしれない――。

妻《つま》が言《い》った。

「本当《ほんとう》にスポーツを続《つづ》けたいなら、自分《じぶん》が納得《なっとく》できるところまでやったほうがいい。やってきたことがゼロになるのは悲《かな》しいね。できることを、ゆっくりひとつずつやればいいんじゃない？」

その言葉《ことば》をもらって、ぼくはもういちど、前《まえ》に進《すす》む覚悟《かくご》をかためた。

だから、ぼくは、なにがあっても最後《さいご》までぜったいにあきらめない。

大差《たいさ》で負《ま》けている試合《しあい》。勝《か》てる可能性《かのうせい》は低《ひく》いかもしれない。だからといって〝あきらめる姿《すがた》〟を見《み》せたらプロじゃない。ましてや日本代表《にほんだいひょう》のユニフォームを着《き》る資格《しかく》はないとぼくは思《おも》う。

スポーツを通《つう》じて、ぼくは応援《おうえん》してくれる人《ひと》や見《み》てくれる人《ひと》、チームのみんなに勇気《ゆうき》や感動《かんどう》を与《あた》えたい。だから、どんなに難《むずか》しい状況《じょうきょう》でもけっしてあきらめないし、自分自《じぶんじ》身《しん》が納得《なっとく》できるプレーしかしない。その姿勢《しせい》をつらぬくことで、「ぜったいにムリだ」と思《おも》われることでも、可能性《かのうせい》が見《み》えてくる。そのことを知《し》っているからだ。

みんなはどう？　最後《さいご》の最後《さいご》まで自分《じぶん》を信《しん》じられる？　どんなに難《むずか》しい状況《じょうきょう》でも、あきらめないで前《まえ》に進《すす》んでほしい。その先《さき》に〝なにか〟があると信《しん》じているから。

ヒント 15

ほかのだれかと自分《じぶん》を比《くら》べない。私《わたし》はいつも、友《とも》だちの「いいところ」を見《み》ているよ。

ミチシタ先生《せんせい》からキミへ

自分《じぶん》と人《ひと》を比《くら》べても強《つよ》くなれない みがくのは自分自身《じぶんじしん》の力《ちから》だけ

みなさんは、友《とも》だちのどんなところが好《す》きですか？　やさしいところ？　カッコいいところ？　好《す》きなことが同《おな》じところかな？

私《わたし》にもステキな友《とも》だちがたくさんいます。強《つよ》く意識《いしき》しているわけじゃないけれど、やっぱり、私自身《わたしじしん》が持《も》っていないもの、「すごいな」とか「尊敬《そんけい》しちゃうな」と思《おも》えるところには自分《じぶん》が学《まな》べることがたくさんあるので、私《わたし》はいつも、その人《ひと》の〝いいところ〟を探《さが》して接《せっ》しているかもしれません。

大人《おとな》になってから、それってとても大切《たいせつ》なことだなと思《おも》うようになりました。

大切《たいせつ》なのはリスペクト（尊敬《そんけい》）と感謝《かんしゃ》。本当《ほんとう》にステキだなと思《おも》える人間関係《にんげんかんけい》って、おたがいがリスペクトし合《あ》えるし、いつだって感謝《かんしゃ》し合《あ》える関係《かんけい》だと思《おも》うんです。相手《あいて》の

いいところを探《さが》しながらコミュニケーションをとっていると、おたがいが、とっても気《き》持《も》ちよく同《おな》じ時間《じかん》を過《す》ごせますよね？

相手《あいて》の〝いいところ〟に対《たい》して、「すごい」と思《おも》っても「うらやましい」「ずるい」と思《おも》うことはありません。人間関係《にんげんかんけい》は〝映《うつ》し鏡《かがみ》〟だと思《おも》うんです。自分《じぶん》が相手《あいて》のいいところを探《さが》しながら接《せっ》していたら、相手《あいて》もそうしてくれるし、自分《じぶん》が「ずるい」と思《おも》って接《せっ》していたら、相手《あいて》も私《わたし》の見方《みかた》が変《か》わってしまう。

だから、自分《じぶん》がされて「イヤだな」と思《おも》うことは、相手《あいて》にもしないように。私《わたし》はそのことを心《こころ》がけて、友《とも》だちと接《せっ》しています。

でも、スポーツをやっていると、ライバルに対《たい》して「うらやましい」とか「ずるい」と思《おも》ってしまいそうになることがあるよね。

ライバルよりもたくさん練習《れんしゅう》しているのに、どうしても勝《か》てない。毎日《まいにち》、同《おな》じ場所《ばしょ》で同《おな》じ練習《れんしゅう》をしているのに、自分《じぶん》だけできない。そういう経験《けいけん》がある人《ひと》って、少《すく》なくない

と思《おも》います。

私《わたし》は、スポーツは「他人《たにん》と比《くら》べても強《つよ》くならない」ものだと思《おも》います。ライバルの存在《そんざい》は〝がんばるきっかけ〟にはなるけれど、最終的《さいしゅうてき》にみがかなきゃいけないのは自分自身《じぶんじしん》の力《ちから》だけ。自分《じぶん》と向《む》き合《あ》って、努力《どりょく》して、進化《しんか》した自分《じぶん》だけが、〝あのとき自分《じぶん》よりも強《つよ》かったあの子《こ》〟に勝《か》つんだと思《おも》うんです。

私《わたし》は、自分自身《じぶんじしん》の〝取《と》りあつかい説明書《せつめいしょ》〟をつくるイメージで、マラソンと向《む》き合《あ》っています。

カベにぶつかったら「私《わたし》はこういうことが苦手《にがて》なんだ」と知《し》ることができるし、それを解決《かいけつ》するための方法《ほうほう》を考《かんが》える。それをくりかえして、説明書《せつめいしょ》をどんどん厚《あつ》くしていく。それって、すごく楽《たの》しいですよ。もちろん、その説明書《せつめいしょ》は人《ひと》によってぜんぜんちがうんです。内容《ないよう》も、厚《あつ》さも、大《おお》きさもぜんぜんちがう。

マラソンを通《つう》じて、私《わたし》は「人《ひと》と比《くら》べても強《つよ》くなれない」ことを学《まな》びました。だからそれぞれの説明書《せつめいしょ》の〝いいところ〟のページだけを見《み》るんです。

「アイツなら
これくらいやっている」
ライバルは自分《じぶん》に
勇気《ゆうき》をくれる存在《そんざい》。

ヤマモト先生《せんせい》からキミへ

「人《ひと》」でも「目標《もくひょう》」でもいい ライバルの存在《そんざい》がキミを強《つよ》くする

みんなには「ライバル」と呼《よ》べるような仲間《なかま》がいるかな？

ぼくにはいる。ドイツ人《じん》のハインリッヒ・ポポフ選手《せんしゅ》だ。

病気《びょうき》で左足《ひだりあし》をうしなった彼《かれ》は、13歳《さい》から陸上競技《りくじょうきょうぎ》を始《はじ》めて、2004年《ねん》のアテネ大会《たいかい》から3大会連続《たいかいれんぞく》でパラリンピックに出場《しゅつじょう》した。ぼくと同《おな》じ100メートル、200メートル、4×100メートルリレー、走《はし》り幅跳《はばと》びの4種目《しゅもく》に出場《しゅつじょう》して、たくさんのメダルを手《て》にしてきたすごい選手《せんしゅ》だ。

ぼくにとって、彼《かれ》は大《おお》きなあこがれであり、目標《もくひょう》だった。おたがいに切磋琢磨《せっさたくま》する関係《かんけい》だったからこそ、競技《きょうぎ》について話《はな》し合《あ》ったり、義足《ぎそく》について話《はな》し合《あ》ったり、本当《ほんとう》にたくさんのことを語《かた》り合《あ》った。

彼《かれ》はドイツ、ぼくは日本《にほん》でトレーニングしているから、普段《ふだん》からひんぱんに連絡《れんらく》を取《と》りあっていたわけじゃない。でも、「いまごろアイツもがんばっているだろうな」「アイツならこれくらいやっているだろうな」と想像《そうぞう》するだけで、ぼく自身《じしん》のやる気《き》が高《たか》まるんだ。ぼくは根《ね》っからの負《ま》けずぎらいだから、つねに彼《かれ》のことを意識《いしき》していた。彼《かれ》がいたから、いまのぼくがいる。それくらい大《おお》きな存在《そんざい》だ。

ライバルの存在《そんざい》は、スポーツをやるうえでとても大切《たいせつ》だとぼくは思《おも》う。

大学《だいがく》で練習《れんしゅう》しているとき、ぼくは陸上部《りくじょうぶ》のある女《おんな》の子《こ》の選手《せんしゅ》を、勝手《かって》にライバル視《し》していつもタイムを比《くら》べていた。ぼくより速《はや》い選手《せんしゅ》もいれば、遅《おそ》い選手《せんしゅ》もいる。自分《じぶん》が成《せい》長《ちょう》して速《はや》い選手《せんしゅ》のタイムをこえることができれば、ライバル視《し》する選手《せんしゅ》を変《か》えてみたりする。つまり自分《じぶん》にとってはっきりした「目標《もくひょう》」を設定《せってい》したほうが、どんな練習《れんしゅう》をして、なにを伸《の》ばせばいいのかもわかりやすい。

ライバルは、べつに〝人《ひと》〟じゃなくたっていい。

4年間《ねんかん》の計画《けいかく》を立《た》てる。1年間《ねんかん》の目標《もくひょう》を決《き》める。1年間《ねんかん》にあるそれぞれの試合《しあい》の目標《もくひょう》を設定《せってい》する。そうすると、毎日《まいにち》のトレーニングでやるべきことが決《き》まってくる。

2004年《ねん》のアテネパラリンピックに出場《しゅつじょう》できないとわかったとき、ぼくはかなり落《お》ちこんだ。くやしくて、くやしくてしかたがなかった。代表選手《だいひょうせんしゅ》に選《えら》ばれるかどうかギリギリのところにいた自分《じぶん》が情《なさ》けなかったし、4年後《ねんご》の北京《ペキン》パラリンピックこそ、だれもが納得《なっとく》できる力《ちから》を示《しめ》して、ぜったいに出場《しゅつじょう》したいと思《おも》った。

だから、ぼくは目標《もくひょう》という名《な》の〝ライバル〟を設定《せってい》した。

この4年間《ねんかん》で、自分《じぶん》はなにをすればいいのか。どんな気持《きも》ちで自分《じぶん》と向《む》き合《あ》えばいいのかが、はっきりとわかった。ライバルは〝人《ひと》〟でも〝目標《もくひょう》〟でも、どっちでもいいんだ。でも、そういう存在《そんざい》があるかないかで、成長《せいちょう》するスピードがぜんぜんちがうとぼくは思《おも》う。

17

キャプテンの大事《だいじ》な仕事《しごと》。それは「みんなの気持《きも》ち」をつくること。

キャプテンは大切《たいせつ》だし大変《たいへん》……
でも、ひとりじゃなくてもいい！

イケ先生《せんせい》からキミへ

ぼくが日本代表《にほんだいひょう》チームのキャプテンに指名《しめい》されたのは、車《くるま》いすラグビーを始《はじ》めてから2年目《ねんめ》のことだ。

きっと、みんなが所属《しょぞく》しているチームにもキャプテンがいるよね。どんなキャプテンかな？　もしもきみがキャプテンなら、どんなキャプテンになりたいと思《おも》う？

ぼくは、キャプテンだからといって、特別《とくべつ》な考《かんが》えかたや理想《りそう》とする姿勢《しせい》を持《も》っているわけじゃないんだ。そもそもぼく自身《じしん》に、強《つよ》いキャプテンシー、リーダーシップ、すごいカリスマ性《せい》があるわけじゃなく、チームを引《ひ》っぱっていくタイプでもない。

自分《じぶん》の役割《やくわり》として意識《いしき》しているのは、ひとりひとりの選手《せんしゅ》の主張《しゅちょう》やカラーを生《い》かして、いいチームを完成《かんせい》させること。みんなの気持《きも》ちがちゃんとそこにある、全員《ぜんいん》がチームの一員《いちいん》としてそこにいることによろこびを感《かん》じられるようなチームをつくりたいし、

大《おお》きな大会《たいかい》がひかえていれば、大会《たいかい》が始《はじ》まるまでにそういうチームを完成《かんせい》させたい。それがぼくの役割《やくわり》だ。

だから、日本代表《にほんだいひょう》チームに新《あたら》しい選手《せんしゅ》が入《はい》ってきたら、ぼくはまず、その選手《せんしゅ》がどんな個性《こせい》を持《も》っているのかを見《み》る。しばらく様子《ようす》を見守《みまも》りながらチームを〝体験《たいけん》〟してもらって、困《こま》っていそうなこと、不安《ふあん》を感《かん》じていることが見《み》えてきたら、その人《ひと》の気持《きも》ちになって、キャプテンとしてどんなアドバイスができるかを考《かんが》え、声《こえ》をかける。そうやって、個性《こせい》を生《い》かしながらチームへとけこめるよう働《はたら》きかけをする。

キャプテンという立場《たちば》はすごく難《むずか》しい。ときにはチームメイトにきびしい言葉《ことば》をかけなければならないし、きらわれ役《やく》にならなきゃいけないときだってあると思《おも》う。少《すこ》し孤《こ》独《どく》を感《かん》じることもある。でも、チームが強《つよ》くなること、選手《せんしゅ》それぞれが成長《せいちょう》することを考《かんが》えて、みんなのために動《うご》く。それがキャプテンの役割《やくわり》だ。

でも、すべての責任《せきにん》を背負《せお》う必要《ひつよう》はない。むしろキャプテンだけが責任《せきにん》を感《かん》じてしま

うようなチームは強《つよ》くなれないし、選手《せんしゅ》それぞれが成長《せいちょう》できないとぼくは思《おも》う。

ぼく自身《じしん》、じつは過去《かこ》にキャプテンとしての責任《せきにん》を背負《せお》いすぎてしまって、失敗《しっぱい》した経験《けいけん》がある。あのころの自分《じぶん》にアドバイスができるとしたら、「自分《じぶん》だけが先頭《せんとう》に立《た》とうとするんじゃなく、みんなが先頭《せんとう》に立《た》つチームをつくってみたら？」と伝《つた》えたい。

たとえば、「声出《こえだ》しキャプテン」や「時間《じかん》を守《まも》らせるキャプテン」みたいに、チームとしてやらなければならないことのひとつひとつにリーダーをつくってみるのはどうかな？　それぞれがとても大事《だいじ》な役割《やくわり》だから、自然《しぜん》と責任感《せきにんかん》が生《う》まれるはずだし、なにか問題《もんだい》があったらみんなで解決《かいけつ》しようと思《おも》えるはずだ。同《おな》じ学年《がくねん》の選手《せんしゅ》だけにわりふるのではなくて、下《した》の学年《がくねん》の子《こ》にも役割《やくわり》を持《も》ってもらうといい。そうやって〝みんなでなやめるチーム〟をつくれば、きっとすばらしい一体感《いったいかん》が生《う》まれるはずだよ。

チームとしての一体感《いったいかん》は、強《つよ》いチームの条件《じょうけん》。それを生《う》み出《だ》すために大切《たいせつ》な存在《そんざい》がキャプテンだ。でも、ひとりじゃなくていい。みんなで戦《たたか》う――。この意識《いしき》をチーム全《ぜん》体《たい》で持《も》つために、一番《いちばん》いいキャプテンのありかたをみんなにも考《かんが》えてみてほしい。

ヒント 18

うまくいかないなら
とことん
理由《りゆう》を探《さが》す。
それはゴールに
たどりつくために
大切《たいせつ》な「過程《かてい》」。

ミチシタ先生《せんせい》からキミへ

「うまくいかない」は次《つぎ》への第一歩《だいいっぽ》 理由《りゆう》を探《さが》してパワーアップ！

どれだけ練習《れんしゅう》してもなかなか結果《けっか》が出《で》ないときって、すごく苦《くる》しいよね。そんなとき、みなさんはどんなことを考《かんが》えていますか？

私《わたし》は「うまくいかない理由《りゆう》」をとことん探《さが》します。

自分《じぶん》ではいい練習《れんしゅう》をしているつもりでも、じつはそれがいい練習《れんしゅう》ではないことがあります。ひたすらキツい練習《れんしゅう》をして体《からだ》を追《お》いこんでいるだけで、じつは本当《ほんとう》に必要《ひつよう》なトレーニングにはなっていなかったり。じっくり考《かんが》えて「自分《じぶん》に必要《ひつよう》だ」と思《おも》っていたけれど、外《そと》から見《み》たらまったくまとはずれなトレーニングだったり……。

ブラインドマラソンなら、伴走者《ばんそうしゃ》との意思《いし》の疎通《そつう》がうまくいっていない場合《ばあい》もあるし、本当《ほんとう》に小《ちい》さな伝達《でんたつ》ミスが大《おお》きな失敗《しっぱい》につながることもあります。
つまり、「うまくいかない理由《りゆう》」はかならずどこかにある。
それはなんだろう？　どこにあるんだろう……？　私《わたし》はとことん考《かんが》えます。

「うまくいかないこと」と向《む》き合《あ》うことで見《み》えてくるのは、「うまくいかない理由《りゆう》や原因《げんいん》」だけじゃありません。それを改善《かいぜん》して、もっとよくなるための方法《ほうほう》や、また別《べつ》の「うまくいかないこと」も見《み》えてくる。ひとつの問題《もんだい》と本気《ほんき》で向《む》き合《あ》うことで、見《み》えてくることはたくさんあるんです。

だから、うまくいかない理由《りゆう》をとことん探《さが》して見《み》つけることは、あくまでも通過点《つうかてん》。それをきっかけに「さらにパワーアップする自分《じぶん》」を見《み》つけることができると私《わたし》は思《おも》います。
うまくいかないことは、次《つぎ》の成功《せいこう》につなげるための第一歩《だいいっぽ》。それってドラマのストーリーみたいでしょ？　みんなもドラマの主人公《しゅじんこう》になりきって、ひとつひとつの問題《もんだい》を仲間《なかま》たちといっしょにクリアしていかなきゃ。

「うまくいかない理由《りゆう》」の探《さが》しかたについては、いろんなところからヒントを見《み》つけられる時代《じだい》になりました。

インターネットで検索《けんさく》すればいろいろな情報《じょうほう》を得《え》られるし、いきづまったとき、素直《すなお》に相談《そうだん》すればアドバイスをくれる人《ひと》はたくさんいます。

障《しょう》がいを持《も》っている人《ひと》にとっては、「自分《じぶん》とまったく同《おな》じ障《しょう》がいを持《も》っている人《ひと》はそんなに多《おお》くないから、検索《けんさく》してもわからない」と感《かん》じることも少《すく》なくないかもしれません。でも、そんなときこそ前向《まえむ》きに。

インターネットの世界《せかい》にさえ説明書《せつめいしょ》がない自分《じぶん》。「だれかと同《おな》じように」ではなくて、「自分《じぶん》だけのオリジナル」を楽《たの》しめる自分《じぶん》。それって、とても特別《とくべつ》でステキなことだと私《わたし》は思《おも》います。

人《ひと》とちがうことは、きっと大《おお》きな強《つよ》みになる。それが障《しょう》がいを持《も》っている人《ひと》たちの人《じん》生《せい》にとって、大《おお》きな醍醐味《だいごみ》になると私《わたし》は思《おも》います。だからこそ「うまくいかない自分《じぶん》」も、とことん楽《たの》しんで！

ヤマモトの
こぼれ話《ばなし》コラム

ぼくが英語《えいご》を学《まな》びたいと思《おも》ったきっかけ

20代前半《だいぜんはん》あたりから、ぼくは英語《えいご》を勉強《べんきょう》してきた。そのころは、日本記録《にほんきろく》が出《だ》せるようになってきたけれど、海外遠征《かいがいえんせい》に行《い》くと世界《せかい》との差《さ》を見《み》せつけられていた時期《じき》で、「もっと世界《せかい》で戦《たたか》いたい！」と感《かん》じていたんだ。

あるとき、遠征先《えんせいさき》で出会《であ》ったイギリスチームのウェアがかっこよくて、ぼくはユニフォーム交換《こうかん》をしたいと思《おも》った。同《おな》じ障《しょう》がいのクラスのイギリス人選手《じんせんしゅ》に声《こえ》をかけた。でも、ぜんぜん英語《えいご》がしゃべれないし、向《む》こうが言《い》っていることもわからない。相手《あいて》がすごくいいやつだったから、ユニフォームは交換《こうかん》できたんだけど、そのときに強《つよ》く思《おも》った。

「もっと英語《えいご》を話《はな》せるようになりたい！」

それから必死《ひっし》で英語《えいご》を勉強《べんきょう》した。英会話《えいかいわ》スクールに通《かよ》ったり、大学《だいがく》にいたアメリカ人《じん》の先生《せんせい》と会話《かいわ》をしたり……。

きっかけは海外《かいがい》の選手《せんしゅ》と仲良《なかよ》くなりたかったことだったけれど、英語《えいご》を話《はな》せるようになって、海外《かいがい》の大会《たいかい》でも緊張《きんちょう》せず、日《に》本《ほん》でやるのと同《おな》じように活躍《かつやく》できるようになった。（そのことは、「ヒント21」のページでもくわしく話《はなし》をするよ！）

実際《じっさい》に、海外《かいがい》の試合《しあい》で英語《えいご》が話《はな》せると、それだけで自分《じぶん》の心《こころ》が落《お》ち着《つ》く。仲間《なかま》もできるし、緊張《きんちょう》もなくなる。英語《えいご》を話《はな》せるようになって、ぼくの世界《せかい》は大《おお》きく変《か》わった。

第《だい》4章《しょう》

緊張《きんちょう》、不安《ふあん》、カベを
乗《の》りこえるためのヒント

ヒント 19

負《ま》けた
くやしさは
「次《つぎ》に勝《か》つ」
ための
エネルギー。

イケ先生《せんせい》からキミへ

勝《か》ち負《ま》けがあるからおもしろい 負《ま》けたくやしさは成長《せいちょう》につながる

どちらかといえば、ぼくは〝結果《けっか》〟より〝過程《かてい》〟を大事《だいじ》にしている。過程《かてい》をおろそかにして結果《けっか》を得《え》ても残《のこ》るものはないし、逆《ぎゃく》に結果《けっか》が出《で》なくても、しっかりと過程《かてい》を組《く》み立《た》てて取《と》りくんだなら、そこには〝経験《けいけん》〟が残《のこ》り、成長《せいちょう》につなげられるからだ。

ただ、やっぱり試合《しあい》に負《ま》けて結果《けっか》が出《で》ないのはくやしい。これまでも書《か》いてきたように、亡《な》くなった友《とも》だちに「生《い》きた証《あかし》」を示《しめ》したいと思《おも》ってスポーツをしているし、そもそも、ぼくはものすごく負《ま》けずぎらいな性格《せいかく》だからだ。

もちろん、車《くるま》いすバスケットボールでも、車《くるま》いすラグビーでも、たくさんの負《ま》けを経《けい》験《けん》してきた。とくに忘《わす》れられないのは、２０２１年《ねん》。東京《とうきょう》２０２０パラリンピックの準《じゅん》決勝《けっしょう》イギリス戦《せん》だ。

序盤《じょばん》からイギリスのリードが続《つづ》いた試合《しあい》は、日本《にほん》がくらいついたことで接戦《せっせん》になっ

た。第《だい》2ピリオドを終《お》えてイギリスが2点《てん》リード。むかえた第《だい》3ピリオド。これから追《お》い上《あ》げるぞ、とみんなが気持《きも》ちをこめて戦《たたか》っているなかで、ぼくのタックルは相手《あいて》にかわされた。それだけじゃなく、フレグラントファウル（悪質《あくしつ》なファウル）と判定《はんてい》されて、一気《いっき》に相手《あいて》に3点《てん》を与《あた》えることになってしまった。

「ああ……」

心《こころ》のなかのそんな声《こえ》をぐっとこらえて、ぼくは日本代表《にほんだいひょう》チームのキャプテンとして、戦《たたか》い続《つづ》けた。第《だい》4ピリオドもある。まだ試合《しあい》が終《お》わったわけじゃない。戦《たたか》う気持《きも》ちだけはぜったいに切《き》らさなかったし、ベンチに下《さ》がってからも声《こえ》を出《だ》して仲間《なかま》をはげまし続《つづ》けた。でも、日本《にほん》は負《ま》けた。目標《もくひょう》としていた金《きん》メダルには届《とど》かなかった。

キャプテンとして、ぼくは正《ただ》しい行動《こうどう》を取《と》ったと思《おも》う。だけど、めざしてきた金《きん》メダルが一気《いっき》に遠《とお》のいていったあの瞬間《しゅんかん》の気持《きも》ちは、いまでも忘《わす》れられない。タックルをかわした相手《あいて》もうまかったけれど、やっぱり、ぼく自身《じしん》のミスだ。それが原因《げんいん》で日本《にほん》が負《ま》けた。そういまでも思《おも》ってしまう。

スポーツには勝者《しょうしゃ》と敗者《はいしゃ》がいる。負《ま》けることだってある。勝《か》てばうれしいけれど、負《ま》ければくやしいよね。そのときに感《かん》じたくやしさを、みんなはどうやって受《う》け止《と》めているだろう？　忘《わす》れて気持《きも》ちを切《き》りかえようとするかな？　それとも、くやしさを力《ちから》に変《か》えて、もっとがんばろうと思《おも》うかな？

ぼくは、くやしさを力《ちから》に変《か》えたい。東京《とうきょう》2020パラリンピックで感《かん》じた「くやしい」という気持《きも》ちは、その後《ご》のぼくにとって大《おお》きなモチベーションになっている。

ぼくは、負《ま》けた自分《じぶん》を認《みと》めたり、許《ゆる》したり、受《う》け入《い》れたりはしない。自分《じぶん》に対《たい》して「ぜったいに負《ま》けるな！」といつも強《つよ》い言葉《ことば》を投《な》げかけているし、同《おな》じ負《ま》け、同《おな》じミスをくりかえさないためにたくさん練習《れんしゅう》する。

どうしてそうするかって、それが自分《じぶん》の成長《せいちょう》につながると知《し》っているからだ。自分《じぶん》の弱《よわ》さに勝《か》つことが、なによりも気持《きも》ちがいいと知《し》っているからだ。

スポーツに真剣《しんけん》に取《と》り組《く》めば、かならず負《ま》けを経験《けいけん》する。でも、そんなときこそ、自《じ》分《ぶん》が成長《せいちょう》するチャンスだとぼくは思《おも》う。たとえ相手《あいて》に負《ま》けても、自分《じぶん》に勝《か》ち続《つづ》ければ、いつかかならず前《まえ》に進《すす》める。ぼくはそう信《しん》じているよ。

20 ヒント

「練習《れんしゅう》が試合《しあい》」。
そう考《かんが》えて
練習《れんしゅう》をしてみたら
試合《しあい》でぜんぜん
緊張《きんちょう》しなくなった。

ミチシタ先生《せんせい》からキミへ

やれる準備《じゅんび》をちゃんとやったなら
それが本番《ほんばん》で力《ちから》になってくれる

大事《だいじ》な試合《しあい》の前《まえ》って、すごく緊張《きんちょう》するよね……。

私《わたし》もそうでした。マラソンを始《はじ》めたばかりのころはものすごい〝緊張《きんちょう》しい〟で、緊張《きんちょう》しすぎてスタートラインに立《た》てなかったこともあるくらい。

それだけじゃなく、レース前《まえ》に考《かんが》えすぎて体調《たいちょう》をくずしてしまったり、緊張《きんちょう》でガチガチになって自分《じぶん》の走《はし》りがまったくできなかったり……。とにかくもう、緊張《きんちょう》のせいでうまくいかなかったエピソードは山《やま》のようにあります。

緊張《きんちょう》はその人《ひと》の性格《せいかく》にもよるから、しかたないとも思《おも》うんです。勝《か》ちたいと願《ねが》うからこそ、「うまくいくかな?」「練習《れんしゅう》でやってきたことができるかな?」と不安《ふあん》になる。フルマラソンをやる前《まえ》に、中距離《ちゅうきょり》のレースに出場《しゅつじょう》していたころはそんなことばかりでし

た。ちゃんと眠《ねむ》れるように新《あたら》しいまくらをつくってみたり、熟睡《じゅくすい》できる方法《ほうほう》を研究《けんきゅう》してみたり。本当《ほんとう》にいろいろな工夫《くふう》をしました。

それなのに、ある試合《しあい》の前夜《ぜんや》、本番《ほんばん》のレース展開《てんかい》についてイメージしていたら、そのまま眠《ねむ》れなくなってしまったことがありました。

次《つぎ》の日《ひ》、ほとんど寝《ね》ないまま、フルマラソンを走《はし》りました。

……あれ？　タイムが……いい感《かん》じ？

「寝《ね》なくても走《はし》れるんだ！」。もちろん、ちゃんとした睡眠時間《すいみんじかん》を取《と》るほうがいいに決《き》まっているけれど、私《わたし》はこの経験《けいけん》でふっきれました。

「やれることをちゃんとやったなら、あとはもう、走《はし》るだけだ！」と。

それからの私《わたし》は、練習《れんしゅう》に対《たい》する意識《いしき》も変《か》わった気《き》がします。

大切《たいせつ》なのは、試合《しあい》と同《おな》じ気持《きも》ちで練習《れんしゅう》に取《と》りくむこと。普段《ふだん》の練習《れんしゅう》でいかに本番《ほんばん》を想定《そうてい》できるかが、レース本番《ほんばん》に大《おお》きく影響《えいきょう》することをあらためて感《かん》じました。

だから、私《わたし》は、練習中《れんしゅうちゅう》もドキドキ。コースの沿道《えんどう》にはたくさんのお客《きゃく》さんがいて、レー

スを先導《せんどう》するバイクが走《はし》っていることも、ちゃんとイメージしています。「もし優勝《ゆうしょう》できたら、どんなコメントをしようかな？」なんて考《かんが》えたりもします。

もちろん前日《ぜんじつ》になにを食《た》べて、どんな時間《じかん》の過《す》ごしかたをして、何時《なんじ》に寝《ね》て起《お》きるかもとても大切《たいせつ》。本番《ほんばん》に向《む》かう私《わたし》のルーティーンをちゃんと守《まも》っていれば、本番《ほんばん》でもぜったいにミスはしません。

２０２１年《ねん》の東京《とうきょう》２０２０パラリンピック。まったく緊張《きんちょう》しなかったわけじゃないけれど、本番《ほんばん》までにたくさんの準備《じゅんび》をしました。睡眠《すいみん》についても、食事《しょくじ》についても、いっぱい勉強《べんきょう》して、やるべきことはちゃんとすべてやった。そうして立《た》つことができたスタートラインだから――そんな気持《きも》ちが、緊張《きんちょう》や不安《ふあん》を消《け》してくれました。

〝勝負《しょうぶ》〟にいどんでいるかぎり、緊張《きんちょう》はなくならないと私《わたし》は思《おも》います。でも、大丈夫《だいじょうぶ》。自分《じぶん》が納得《なっとく》できる準備《じゅんび》がそれを小《ちい》さくしてくれるし、もしも緊張《きんちょう》でぜんぜん眠《ねむ》れなかったとしても、ずっとがんばってきた練習《れんしゅう》がきっと力《ちから》を与《あた》えてくれるから！

緊張《きんちょう》は
ちょっとの工夫《くふう》で
小《ちい》さくできる。
ぼくは
呼吸《こきゅう》と英語《えいご》で
「実験《じっけん》」に成功《せいこう》した。

ヤマモト先生《せんせい》からキミへ

本番《ほんばん》で力《ちから》を出《だ》すのに必要《ひつよう》なのは「ちょうどいい緊張感《きんちょうかん》」

試合《しあい》のとき、みんなは緊張《きんちょう》する？　ぼくはすごく緊張《きんちょう》する。陸上短距離《りくじょうたんきょり》の選手《せんしゅ》はフライングがこわいからだ。「位置《いち》について」の声《こえ》がかかってから「パン！」とスタートの合図《あいず》が鳴《な》るまで、自分《じぶん》のリズムで動《うご》けないからすごく難《むずか》しいし、失敗《しっぱい》できないからすごくこわい。だから、すごく緊張《きんちょう》する。

難《むずか》しいスタートをうまくこなすためには、〝ちょうどいい緊張感《きんちょうかん》〟が必要《ひつよう》だ。ぜんぜん緊張《きんちょう》していないリラックスしすぎた状態《じょうたい》では本当《ほんとう》の力《ちから》は出《だ》せないし、緊張《きんちょう》しすぎていたら体《からだ》が動《うご》かなくなってしまう。

だから、ぼくは、本番《ほんばん》で〝ちょうどいい緊張感《きんちょうかん》〟を見《み》つけて体《からだ》で覚《おぼ》えるために、できるだけ多《おお》くの国際大会《こくさいたいかい》に出場《しゅつじょう》してきた。そこでいろんなことを実験《じっけん》して〝ちょうどいい緊張感《きんちょうかん》〟を研究《けんきゅう》してきたんだ。

その結果《けっか》、ぼくの場合《ばあい》、大《おお》きく息《いき》をはくことで、ちょっとだけ緊張感《きんちょうかん》が小《ちい》さくなることがわかった。

その方法《ほうほう》を使《つか》って緊張《きんちょう》を小《ちい》さくする技術《ぎじゅつ》を、ぼくは身《み》につけた。うまく使《つか》いこなせるようになってからは、いい記録《きろく》が出《だ》せるようになってきた。１００メートル走《そう》や２００メートル走《そう》だけじゃなく、走《はし》り幅跳《はばと》びでもうまく活用《かつよう》できるようになった。

ただ、試合《しあい》の結果《けっか》は、その日《ひ》の緊張感《きんちょうかん》やコンディションで決《き》まるものじゃない。

試合《しあい》の結果《けっか》を決《き》めるのは〝それまでにやってきたこと〟だ。

本当《ほんとう》は、試合《しあい》の結果《けっか》は試合《しあい》をやる前《まえ》に決《き》まっている。だから、やることを全力《ぜんりょく》でやってその試合《しあい》にのぞんだのなら、大《おお》きな自信《じしん》を持《も》ってのぞめばいいし、緊張《きんちょう》する必要《ひつよう》なんてぜんぜんない。あとは全力《ぜんりょく》でやるだけだ。

もしも自信《じしん》が持《も》てないなら、それは〝それまでにやってきたこと〟が足《た》りないんだと思《おも》う。そのことに気《き》づいたら、次《つぎ》の試合《しあい》ではそうならないように全力《ぜんりょく》で準備《じゅんび》すればいいし、全力《ぜんりょく》で準備《じゅんび》したときの自分《じぶん》の緊張《きんちょう》がどれくらい小《ちい》さくなったかを確認《かくにん》してみてほし

い。それも実験《じっけん》だ。実験《じっけん》はたくさんやらなきゃ〝答《こた》え〟には近《ちか》づけない。

もうひとつ、もしもみんなが、いつか世界《せかい》に出《で》て戦《たたか》いたいと思《おも》うなら、英語《えいご》を話《はな》せるように勉強《べんきょう》しておくのもオススメだ。

ぼくは20代《だい》前半《ぜんはん》のころ、言葉《ことば》が通《つう》じない海外《かいがい》での大会《たいかい》に出《で》ると、いつもより緊張《きんちょう》してしまって、いいパフォーマンスが出《だ》せないことに気《き》づいた。

「じゃあ、日本《にほん》と同《おな》じような環境《かんきょう》だったら、海外《かいがい》でもいい記録《きろく》が出《だ》せるかな？」

そう思《おも》って英語《えいご》を勉強《べんきょう》して、話《はな》せるようになったら、「まわりの選手《せんしゅ》はみんな友《とも》だち！」くらいの感覚《かんかく》で、世界《せかい》のあちこちに行《い》っても緊張《きんちょう》しなくなったし、どの国《くに》に行《い》っても活躍《かつやく》ができるようになったんだ。

試合《しあい》に勝《か》ちたい。だから、ぜったいに緊張《きんちょう》はすると思《おも》う。でも〝実験《じっけん》〟をくりかえすことで、自分《じぶん》なりに緊張《きんちょう》を小《ちい》さくする方法《ほうほう》は見《み》つけられるよ。

みんなの実験《じっけん》が成功《せいこう》することをいのる！

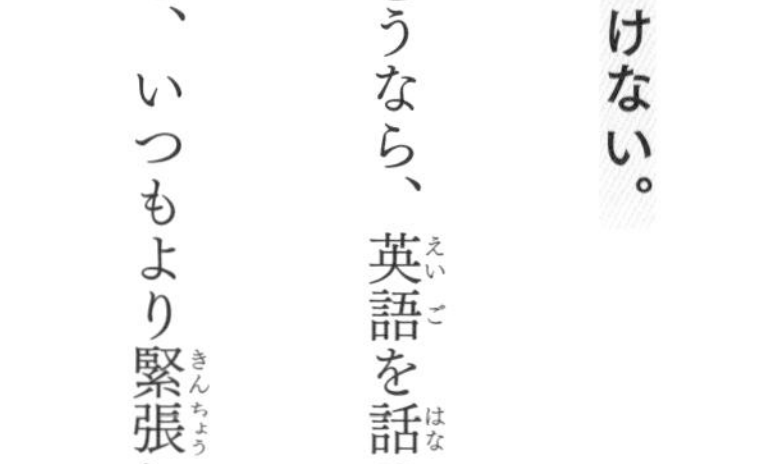

ヒント22

緊張《きんちょう》は
敵《てき》じゃなくて
自分《じぶん》の「味方《みかた》」。
そう考《かんが》えたら
もっと大《おお》きな
力《ちから》を出《だ》せるよ！

イケ先生《ぜんせい》からキミへ

自分《じぶん》と、自分《じぶん》の努力《どりょく》を信《しん》じる そうすれば100%の力《ちから》を出《だ》せる

大事《だいじ》な試合《しあい》の前《まえ》は、だれだって緊張《きんちょう》するよね。もしかしたら、試合《しあい》が始《はじ》まってからもずっと緊張《きんちょう》している子《こ》だっているかもしれない。

試合《しあい》に勝《か》ちたい、うまくやりたいと思《おも》えば思《おも》うほど、緊張《きんちょう》するのはあたりまえのこと。それはわかっているけれど、試合《しあい》に勝《か》ちたい、うまくやりたいと思《おも》うからこそ、「緊張《きんちょう》したくない」とも思《おも》うはず。みんなはどう？　どれくらい緊張《きんちょう》するかな？　ぼくは……じつは、ほとんど緊張《きんちょう》しないんだ。いや、いつからか「緊張《きんちょう》を力《ちから》に変《か》えられるようになった」と言《い》うほうが正《ただ》しいかもしれない。

ぼくは、自分《じぶん》にとって最大《さいだい》のパフォーマンスを発揮《はっき》するためには、緊張《きんちょう》が〝必要《ひつよう》〟だと思《おも》っている。

緊張《きんちょう》は「成功《せいこう》させたい」という気持《きも》ちのあらわれ。そのために努力《どりょく》してきたことの証《あかし》。それは試合《しあい》に勝《か》つため、自分《じぶん》のパフォーマンスを成功《せいこう》させるために積《つ》み重《かさ》ねてきた努力《どりょく》そのものだから、〝敵《てき》〟ではなく〝味方《みかた》〟だと考《かんが》えるようにした。つまり、味方《みかた》がついているんだから、もっと強《つよ》くなれる、もっとうまくやれるということだ。そう考《かんが》えたら、緊張《きんちょう》は自分《じぶん》にとってこわいものじゃないということに気《き》がついた。

いまとなっては、むしろ……まったく緊張《きんちょう》していない自分《じぶん》に気《き》づいて「ヤバい！」と思《おも》うことだってあるよ。「あれ？ ぜんぜん緊張《きんちょう》していない！ 今日《きょう》は味方《みかた》なしで戦《たたか》わなきゃいけないのか？」ってね（笑《わらい》）。

ぼくが尊敬《そんけい》している先生《せんせい》がいる。スポーツ心理学者《しんりがくしゃ》の矢野宏光先生《やのひろみつせんせい》は、剣道《けんどう》を教《おし》えていて、呼吸法《こきゅうほう》と〝セルフトーク〟という自分自身《じぶんじしん》との会話《かいわ》によって気持《きも》ちを落《お》ち着《つ》かせる方法《ほうほう》を紹介《しょうかい》している。先生《せんせい》の本《ほん》を読《よ》んで、勉強《べんきょう》して、それを試合《しあい》の前《まえ》に実践《じっせん》することもあった。必要《ひつよう》であれば、いまでもそうしている。

細《こま》かい工夫《くふう》もある。たとえば、試合会場《しあいかいじょう》となる体育館《たいいくかん》を事前《じぜん》に見《み》に行《い》って、本番《ほんばん》の雰《ふん》

囲気《いき》を想像《そうぞう》することがある。

お客《きゃく》さんがどれだけ入《はい》るか。舞台《ぶたい》を盛《も》り上《あ》げる音楽《おんがく》はどれくらいの音量《おんりょう》で鳴《な》るのか。そういうことを想像《そうぞう》して、イメージをつくりあげれば、試合当日《しあいとうじつ》に驚《おどろ》いたりしない。そうやって、緊張《きんちょう》に対《たい》する考《かんが》えかたを変《か》えたり、いろいろな角度《かくど》から向《む》き合《あ》いかたを工夫《くふう》したりすることによって、ぼくは少《すこ》しずつ〝緊張《きんちょう》しない自分《じぶん》〟をつくることができたのかもしれない。

緊張《きんちょう》と向《む》き合《あ》う過程《かてい》のなかで、ぼくは大切《たいせつ》なことに気《き》がついた。

いつだって、なにより大切《たいせつ》なのは自分《じぶん》を信《しん》じることだ。自分《じぶん》がやってきた努力《どりょく》を信《しん》じることだ。

それができれば、どんな試合《しあい》でもぜったいに自分《じぶん》の１００％の力《ちから》を発揮《はっき》できる。１００％の力《ちから》を発揮《はっき》できれば、きっといい結果《けっか》がついてくる。

緊張《きんちょう》はこわくない。緊張《きんちょう》は味方《みかた》。だから、きっとみんなのことも助《たす》けてくれるはずだよ！

23 ヒント

もし「いま」がつらくてもいつか「いい思《おも》い出《で》」になるかもしれない。

「つらい」といういまの気持《きも》ちが
いつかパワーになってキミを助《たす》ける

ミチシタ先生《せんせい》からキミへ

マラソン人生《じんせい》でとてもつらかったこと。でも、すごく大切《たいせつ》で、私《わたし》のことを強《つよ》くしてくれた思《おも》い出《で》について、お話《はな》しします。

走《はし》ることを始《はじ》めたばかりのころ。私《わたし》は２００８年《ねん》の北京《ペキン》パラリンピック出場《しゅつじょう》をめざして、中距離走《ちゅうきょりそう》の選手《せんしゅ》としてトレーニングをしていました。

でも、どれだけがんばっても、北京《ペキン》パラリンピックに出場《しゅつじょう》するための目標《もくひょう》タイムをクリアすることができない。

「これ以上《いじょう》、速《はや》く走《はし》るなんてムリかもしれない」

自分《じぶん》に対《たい》して前向《まえむ》きな気持《きも》ちが持《も》てないまま、私《わたし》は最後《さいご》の選考《せんこう》レースの日《ひ》をむかえていました。

そのレース直前《ちょくぜん》のウォームアップ中《ちゅう》、伴走者《ばんそうしゃ》の人《ひと》が私《わたし》のところに近寄《ちかよ》ってきて、まるで私《わたし》の気持《きも》ちを見《み》すかしたようにこう言《い》ったんです。

「逃《に》げるな」

当時《とうじ》の私《わたし》は、まだ走《はし》り始《はじ》めたばかり。〝競技者《きょうぎしゃ》〟の心《こころ》がまえをまったく持《も》っていなかったんだと思《おも》います。自分《じぶん》でもそれがわかっていたからこそ、あのときに言《い》われた「逃《に》げるな」という言葉《ことば》が心《こころ》に刺《さ》さりました。すごくショックだったし、素直《すなお》にそのとおりだなと思《おも》いました。

私《わたし》は涙《なみだ》を流《なが》しながら、そのレースを走《はし》りました。目標《もくひょう》を達成《たっせい》することはできませんでした。

しばらく、走《はし》ることをやめました。

「走《はし》ることに本気《ほんき》になるのは、これで終《お》わりにしよう」

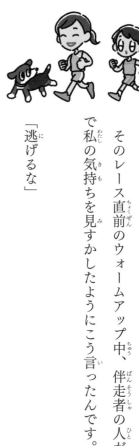

心《こころ》のなかにあったそんな気《き》持《も》ちを、盲《もう》学《がっ》校《こう》の先《せん》生《せい》は見《み》抜《ぬ》いていました。
「やる気《き》がないなら、やめよう」
先《せん》生《せい》はそう言《い》ってくれました。

それから、自《じ》分《ぶん》なりにいろいろなことを考《かん》えました。

毎《まい》日《にち》、毎《まい》日《にち》、走《はし》ることを一《いっ》生《しょう》懸《けん》命《めい》にやってきた。もしもそれがなくなってしまったら、なにをすればいいのか。自《じ》分《ぶん》はどれくらいの気《き》持《も》ちで走《はし》ることと向《む》き合《あ》ってきたのか。それを真《しん》剣《けん》に考《かん》えたときに、「もういちど走《はし》りたい」という気《き》持《も》ちが少《すこ》しずつふくらんでいくのがわかりました。

その気《き》持《も》ちを伝《つた》えると、盲《もう》学《がっ》校《こう》の先《せん》生《せい》はこう答《こた》えてくれました。

「おまえが走《はし》りたいなら、よろこんで力《ちから》を貸《か》すよ。またいっしょに練《れん》習《しゅう》しよう」

先《せん》生《せい》は、私《わたし》の気《き》持《も》ちが前《まえ》向《む》きになるまで待《ま》ってくれていたんだと思《おも》います。そんな様《よう》子《す》を見《み》守《まも》ってくれたお母《かあ》さんもそう。いつも私《わたし》の気《き》持《も》ちを最《さい》優《ゆう》先《せん》に考《かん》えてくれる人《ひと》たち

がそばにいたから、最後《さいご》まで逃《に》げずに、ちゃんと自分《じぶん》と向《む》き合《あ》い続《つづ》けようと決意《けつい》することができました。

私《わたし》が出場《しゅつじょう》できなかった北京《ペキン》パラリンピック。あのとき「逃《に》げるな」と言《い》ってくれた伴《ばん》走者《そうしゃ》は、別《べつ》の選手《せんしゅ》のパートナーとして大会《たいかい》に出場《しゅつじょう》していました。

その背中《せなか》を見《み》て、私《わたし》は、私自身《わたしじしん》に対《たい》してとてもくやしいと思《おも》えたし、いろいろな感情《かんじょう》がこみあげてきました。伴走者《ばんそうしゃ》は本当《ほんとう》に気持《きも》ちの強《つよ》い人《ひと》で、目標《もくひょう》をかかげてどんどん前《まえ》に進《すす》んでいくすごい人《ひと》でした。

それから15年《ねん》たったある日《ひ》、とあるイベントで、あの伴走者《ばんそうしゃ》さんにお会《あ》いすることができました。

「またいっしょに走《はし》りたいと思《おも》ったら、いつでも声《こえ》をかけて」

その言葉《ことば》が、本当《ほんとう》にうれしかった。

スポーツをやっていると、つらい経験《けいけん》、悲《かな》しい経験《けいけん》に出会《であ》うことはたくさんあると思《おも》います。それをきっかけにしてスポーツそのものをやめてしまう子《こ》もきっといるよね。その気持《きも》ちはすごくよくわかる。

「逃《に》げるな」と言《い》われたとき、私《わたし》は大《おお》きなショックを受《う》けました。

でも、いまとなっては、あの出来事《できごと》が私《わたし》のマラソン人生《じんせい》にとって大切《たいせつ》なターニングポイントだったとわかります。あれがなかったら強《つよ》くなれなかったし、メダルをもらえるような選手《せんしゅ》になれなかったかもしれない。あの瞬間《しゅんかん》は悲《かな》しくてつらかったけれど、いまふりかえると、むしろ一番《いちばん》盛《も》り上《あ》がる人生《じんせい》のハイライトかもしれません。

もしもみなさんが「やめたい」と思《おも》うことがあったら、その気持《きも》ちを少《すこ》しだけ落《お》ち着《つ》かせて、もういちど、しずかに自分《じぶん》の心《こころ》の声《こえ》に耳《みみ》をかたむけてみてください。

いまの「やめたい」という気持《きも》ちは時間《じかん》をかけて変化《へんか》していくかもしれないし、それがやがて大《おお》きなパワーになって、みんなのことを助《たす》けてくれるかもしれないから。

「やってみたい」

「やってみよう」

と思《おも》えるか。

一歩《いっぽ》ふみだせば
世界《せかい》が変《か》わる。

「好《す》き」を探《さが》してどんどん挑戦《ちょうせん》
まずは一歩《いっぽ》だけ、ふみだしてみて

ヤマモト先生《せんせい》からキミへ

ぼくの人生《じんせい》は、挑戦《ちょうせん》する人生《じんせい》だ。

ずっとそれを考《かんが》えながら生《い》きてきた。やってみたいと思《おも》ったら、どんなことでもやってみる。いろんな経験《けいけん》をして、いろんなことを学《まな》ぶ。

ずっとワクワクする人生《じんせい》を送《おく》りたいし、それまで知《し》らなかった自分《じぶん》に何度《なんど》でも出会《であ》いたい。だから、ぼくは、これからもずっと挑戦《ちょうせん》し続《つづ》けると思《おも》う。

挑戦《ちょうせん》するために必要《ひつよう》なのは、自分《じぶん》にとって〝好《す》き〟と思《おも》えることだ。

だれだって、好《す》きなことにはチャレンジできるけれど、好《す》きじゃないことにはチャレンジしにくいよね。自分《じぶん》の好《す》きなものを見《み》つけるためには、できるだけ多《おお》くの選択肢《せんたくし》を

知《し》っていなきゃならない。だから、それが好《す》きかキライかわからなくても、ぼくはとりあえず興味《きょうみ》を持《も》つほうがいいと思《おも》っている。試《ため》してみて好《す》きだったら、次《つぎ》のステップにチャレンジしてみればいい。ん？　あれ？　ということは、つまり……どんなことでも「やってみる」というのが大事《だいじ》なのかもしれないね（笑《わらい》）。

　いちど好《す》きになったら、ぼくはとことん挑戦《ちょうせん》する。よく「ものすごく努力《どりょく》しているね」と言《い》われるけれど、ぼく自身《じしん》は好《す》きなことをやっているだけだから〝努力《どりょく》している〟という感覚《かんかく》がぜんぜんない。

　興味《きょうみ》があるから、好《す》きだから、楽《たの》しいからやっているだけ。苦《くる》しくもないし、つらくもない。時間《じかん》はあっという間《ま》にすぎてしまうし、むしろ「もっとやっていたい」と思《おも》うだけだ。

　みんなもわかると思《おも》う。そんな状態《じょうたい》で練習《れんしゅう》に取《と》りくむことができたら、自分《じぶん》でも気《き》づかないうちにどんどん成長《せいちょう》するんだ。そこがスポーツのいいところ。もしもそのスポーツが大好《だいす》きで、楽《たの》しいと感《かん》じるなら、好《す》きなだけ時間《じかん》を使《つか》ってそのスポーツをとことん

満喫《まんきつ》してほしい。

好《す》きなことを見《み》つけて、どんどんチャレンジする——。

ぼくがそんな人生《じんせい》を送《おく》ることができているのは、17歳《さい》のとき、交通事故《こうつうじこ》にあったからだと思《おも》う。

事故《じこ》にあったとき、お父《とう》さんとお母《かあ》さんは「運転免許《うんてんめんきょ》を取《と》らせなければよかった」と後悔《こうかい》したし、落《お》ちこんだらしい。動《うご》けない体《からだ》になってしまったら、一生《いっしょう》、自分《じぶん》たちがめんどうを見《み》ればいいと思《おも》ったらしい。

ところが、ぼくは、すぐに元気《げんき》になった。入院中《にゅういんちゅう》の病院《びょういん》では、キレイな看護師《かんごし》さんと話《はな》すのがすごく楽《たの》しそうだったみたいだ（笑《わらい》）。

お父《とう》さんとお母《かあ》さんの心配《しんぱい》をよそに、ぼくはなにも考《かんが》えていなかった。後《うし》ろ向《む》きなことなんてひとつも考《かんが》えていなかった。事故《じこ》にあったからといって、左足《ひだりあし》がなくなってしまったからといって、人生《じんせい》をあきらめるなんてもったいない。いまの自分《じぶん》が好《す》きなこ

と、できることをさがして、どんどんチャレンジするんだ！　先生《せんせい》、ところでスノーボードってできますか？

自分《じぶん》が障《しょう》がいを持《も》つことになったからこそ、ぼくは自分《じぶん》が「好《す》き」と思《おも》うことに対《たい》して真剣《しんけん》になった。真剣《しんけん》になったからこそ「できること」がどんどん増《ふ》えていって、それを「もっとうまくなりたい」と思《おも》うようになった。

日本代表《にほんだいひょう》のユニフォームを着《き》て、世界《せかい》の大会《たいかい》に出場《しゅつじょう》するようなアスリートになって、あのとき、たくさん心配《しんぱい》をかけてしまったお父《とう》さんとお母《かあ》さんを〝海外応援《かいがいおうえん》ツアー〟に連《つ》れていけるようになった。それは、ぼくができる唯一《ゆいいつ》の親孝行《おやこうこう》になったと思《おも》う。

事故《じこ》や病気《びょうき》で障《しょう》がいを持《も》つことになってしまった子《こ》どもが、お父《とう》さんやお母《かあ》さんに対《たい》して「ごめんなさい」という気持《きも》ちを持《も》ってしまうことだってあると思《おも》う。

この本《ほん》を読《よ》んでくれたみんなのなかに、もしそういう子《こ》がいたら、ぼくはこんなアドバイスをおくりたい。

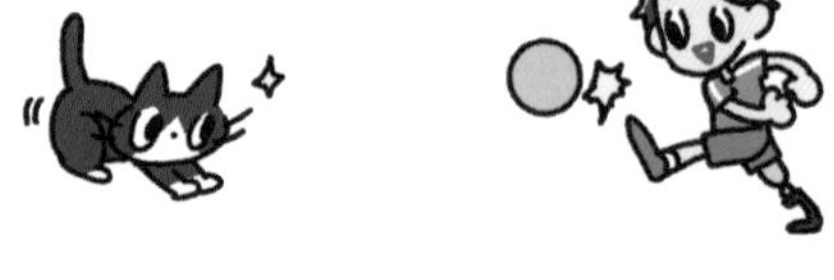

「お父《とう》さんとお母《かあ》さんは、障《しょう》がいをかかえてしまったキミが、それでも全力《ぜんりょく》でなにかを楽《たの》しむ姿《すがた》を見《み》たいと思《おも》っているよ。だから、いろんなことにチャレンジして、全力《ぜんりょく》で人《じん》生《せい》を楽《たの》しんで！」

好《す》きなことを見《み》つけてほしいし、楽《たの》しいと思《おも》うことを見《み》つけてほしい。勇気《ゆうき》が足《た》りないなら、「やってみよう」という一歩目《いっぽめ》だけをふみだしてみてほしい。

もう二度《にど》と走《はし》れないと思《おも》っていた子《こ》が、義足《ぎそく》をつけて走《はし》り出《だ》す。その瞬間《しゅんかん》の、特別《とくべつ》な笑顔《えがお》とよろこびを、ぼくは知《し》っている。そんな最高《さいこう》の瞬間《しゅんかん》を、ひとりでも多《おお》くの人《ひと》に味《あじ》わってほしいんだ！

親だって子どもの行く未来は知らない だからこそ関わりかたを考えたい

たとえば、プロアスリートの親御さんが熱血指導をして、お子さんもそのスポーツのプロになった、みたいなケースを、スポーツの世界ではときどき聞くことがあります。

親や指導者が関わることによって、子どもの可能性を適切に広げてあげることができる場合もある一方で、その子の性格や、成長のタイミングによっては、子どもの可能性を限定してしまうことにもつながって、反対に不幸にしてしまう場合もあると思います。

だからこそ、親は「どうやって関わってあげたらいいのか」を必死に考えるんだと思います。でも、子どもがちゃんと、自分が選びたい道を選択できるようにさえしてあげれば、もしかしたら親は〝話し相手〟になってあげるくらいがちょうどいいのかもしれません。

ぼくらは子どもたちよりもちょっと〝先輩〟ではあるから、これまで来た道のことは知っている。けれど、これから先のことは知りません。大人だって進んだことがないのだから、子どもたちが行く先の未来はわからないんです。

これまでの道を知っているからといって、「こっちだよ」と言うのは、かならずしも正解ではない。子どもがあっちへ行かないように柵を立てて、もしかしたら可能性を制限してしまっているだけかもしれないな、と悩みながら、ぼくも高校生と中学生の子どもを育てています。

親は子どもの未来を知らない。だから、よかれと思ってやったことでも、うまくいくとは限らない。その思いは、持っておかなければいけないなと思います。

池透暢

この子の〝よさ〟ってなんだろう？そういう視点で向き合ってほしい

私の母は、どんなときも大会の応援に来てくれて、コーチや私のまわりの人たちといっしょに応援を楽しんでいるような人です。たとえ負けた試合でも、すごく応援を楽しんでいて、パワーをくれる。そういう姿を見ると、私は「またがんばろう」と思えます。

そんな母は、病気で私の目が徐々に見えなくなっていったころ、視覚障がいを持つ友人を作ろうとしてくれたり、目が不自由な人が通う学校を調べてくれたりと、いろいろなことをしてくれました。正直、将来への不安から最初は受け入れられなかった部分もありました。でも、母は無理に「こうしよう」とは言わず、私を待っていてくれていました。私が自分で「障がいを受け入れて前に進まなきゃいけないんだ」と思えたときに、スッと声をかけてくれる。そんなふうに、つねに寄りそって、私のタイミングで背中を押してくれる。つねに私を信じて、そばにいてくれるような母でした。

そんな母のおかげもあって、私には少しずつ仲間が増えていき、さまざまな人と出会って視野も広がっていきました。みんなそれぞれにいいところがあって、そんな人たちとの出会いがあったから、いまの私がある。だから、保護者や指導者のみなさんには、その子の〝よさ〟を生かすような関わりかたをしてほしいなと思います。型にはめるのではなく、「この子の〝よさ〟はなんだろう？」という視点で向き合って、いいところを見つけてくださる大人がたくさんいてほしいなと思います。

道下美里

「ダメ」と言わずにそっと見守る そんな心の広さが大切

うちの親は、子どもに対してあまり「ダメ」という言葉を使わない親でした。

たとえばぼくが「バイクに乗りたい」と言えば、もちろん運転免許を持たずに乗るのは法律的にダメだけれど、免許を取るなら乗ること自体は「ダメ」とは言わない。「スノーボードをやる」と言ったときも、危ないからダメだと言うことはなく、ぼくがいろんなことを体験できるような状態をつねに作ってくれていました。たとえ危ないことでも、やりたいことをやらせながら、そっと見守れる心の広さ。これって、とても大切なことだと思います。

もし、これを読んでいる人で、障がいを持ったお子さんがいるお父さんやお母さんがいたら、ぜひ、子どもといっしょにどんどん外に出かけてほしいなと思います。ぼくも毎年、「ブレードアスリートアカデミー」というイベントを開いていて、いろんな義足の子どもたちが集まっていっしょに走っていますが、ひとくちに「障がいがある」と言っても、世の中にはいろんなケースがあって、いろんな考えかたがあります。それに、お子さんが通っている学校では自分ひとりかもしれないけれど、社会に出れば同じ障がいの仲間だってたくさんいます。

イベントでもなんでもいい。外に出て行って、いろんな人と出会って、会話をしてほしいです。いまはSNSもあるから、そこでだれかとつながって話を聞いてみてもいい。外の世界で見たものや、出会った人がきっかけになって、子どもが心のなかにかかえているモヤモヤの正体がわかったり、子ども自身が「自分はどう生きていきたいのか」をちょっと考えてもらえたら、うれしく思います。

山本 篤

おわりに

『一生役立《いっしょうやくだ》つこどもメンタル本《ぼん》』シリーズ制作《せいさく》チームより

『こころの輪《わ》　パラアスリートが教《おし》える壁《かべ》を乗《の》りこえるための24のヒント』を手《て》にとってくれた子《こ》どもたち、それから、お父《とう》さんやお母《かあ》さん、保護者《ほごしゃ》や指導者《しどうしゃ》のみなさん、最《さい》後《ご》まで読《よ》んでいただきありがとうございました。

この本《ほん》を「読《よ》んでみたい」と思《おも》った理由《りゆう》は、きっと、それぞれにちがうはずです。

選手《せんしゅ》のファンである。アスリートのメンタリティーについて深《ふか》く知《し》りたい。とくにパラアスリートについて知《し》りたい。パラスポーツにチャレンジしてみたい。障《しょう》がいを持《も》った家族《かぞく》や知人《ちじん》がいる。障《しょう》がい者《しゃ》スポーツや障《しょう》がい者《しゃ》アスリートに対《たい》する見識《けんしき》をもっともっと深《ふか》めたい——などなど。

車《くるま》いすラグビー日本代表《にほんだいひょう》キャプテンの池透暢《いけゆきのぶ》さん、ブラインドマラソン金《きん》メダリストの道下美里《みちしたみさと》さん、そしてパラ陸上《りくじょう》の第一人者《だいいちにんしゃ》としていくつもの世界大会《せかいたいかい》に出場《しゅつじょう》してきた山本篤《やまもとあつし》さんは、それぞれの理由《りゆう》でパラスポーツと出会《であ》い、熱中《ねっちゅう》してきました。彼《かれ》らは「障《しょう》がいをかかえている自分《じぶん》」とどのように向《む》き合《あ》い、どのような気持《きも》ち、どのようなメンタリティーでスポーツと向《む》き合《あ》っているのでしょうか。その言葉《ことば》には、この本《ほん》を手《て》にしたどんな人《ひと》にも届《とど》く、大《おお》きなパワーが宿《やど》っているのではないかと考《かんが》えています。

　スポーツが大好《だいす》きな子《こ》どもたちに、心《こころ》の迷《まよ》いを取《と》りはらうヒントを届《とど》けたい。トップアスリートの言葉《ことば》で、子《こ》どもたちの背中《せなか》をやさしく押《お》してあげたい。そんな思《おも》いから、『こころの〜』と題《だい》したこのシリーズはスタートしました。

　第《だい》1作《さく》『こころのパス』はサッカー編《へん》（中村憲剛《なかむらけんご》、佐藤寿人《さとうひさと》、今野泰幸《こんのやすゆき》・著《ちょ》）、第《だい》2

作《さく》『こころのラリー』は卓球編《たっきゅうへん》（水谷隼《みずたにじゅん》、石川佳純《いしかわかすみ》・著《ちょ》）、さらに今回《こんかい》、第《だい》3作《さく》として『こころの輪《わ》』を、オリンピック編《へん》（阿部詩《あべうた》、阿部一二三《あべひふみ》、池江璃花子《いけえりかこ》、山縣亮太《やまがたりょうた》・著《ちょ》）とパラリンピック編《へん》（本書《ほんしょ》）にわけて、2冊同時《さつどうじ》に刊行《かんこう》することができました。

シリーズを通《とお》して、たくさんの言葉《ことば》を受《う》け取《と》って、あらためて思《おも》います。トップアスリートの本当《ほんとう》のすごさは、技術《ぎじゅつ》よりもメンタルにある。

彼《かれ》らと面《めん》と向《む》かって話《はな》すと、そのことを強《つよ》く感《かん》じると同時《どうじ》に、少年少女時代《しょうねんしょうじょじだい》の彼《かれ》らもまた、普通《ふつう》の子《こ》どもたちと同《おな》じように成長《せいちょう》のカベにぶつかり、それを乗《の》りこえながら強《つよ》い心《こころ》を手《て》に入《い》れてきた過程《かてい》を知《し》ることができます。それがトップアスリートにとっての特別《とくべつ》な価値《かち》であると、私《わたし》たちは考《かんが》えています。

しかし、技術的《ぎじゅつてき》なすばらしさを解説《かいせつ》する文献《ぶんけん》は数多《かずおお》く存在《そんざい》しても、そのメンタルの強《つよ》さ、心《こころ》の持《も》ちかたを言語化《げんごか》し、それをアドバイスとして子《こ》どもたちに届《とど》けようとする文《ぶん》献《けん》はそれほど多《おお》くありません。

子《こ》どもたちがもっと楽《たの》しく、もっと明《あか》るく、もっと前向《まえむ》きにスポーツを楽《たの》しめたら、いまよりもっと素敵《すてき》な社会《しゃかい》が実現《じつげん》すると思《おも》いませんか？

そんな未来《みらい》を夢見《ゆめみ》て、子《こ》どもたちに本書《ほんしょ》『こころの輪《わ》』が届《とど》くことを願《ねが》っています。

2024年初夏《ねんしょか》

PROFILE

池透暢（いけ・ゆきのぶ）

1980年7月21日生まれ。高知県出身の車いすラグビー選手。日興アセットマネジメント／高知Freedom所属。2013年に車いすバスケットボールから車いすラグビーに転向。2014年より日本代表キャプテンを務め、2016年のリオデジャネイロパラリンピックで日本史上初の銅メダル獲得に貢献した。2018年にはシドニーで開催された車いすラグビー世界選手権で初優勝を飾り、2021年の東京2020パラリンピックでも2大会連続となる銅メダルを獲得した。

道下美里（みちした・みさと）

1977年1月19日生まれ、山口県出身の陸上競技選手。三井住友海上所属。視覚障がい者が伴走者と走るブラインドマラソンの選手として、2016年のリオデジャネイロパラリンピックで銀メダル。2021年の東京2020パラリンピックでは初の金メダルを獲得した。また女子T12クラスのフルマラソン（2020年12月、防府読売マラソンで2時間54分13秒）の世界記録保持者でもある。

山本篤（やまもと・あつし）

1982年4月19日生まれ、静岡県出身の元陸上競技選手。新日本住設所属。2008年の北京パラリンピック、走り幅跳びF42/44クラスで銀メダルを獲得し、日本の義足陸上選手として初のメダリストに。以降、4大会連続で夏季パラリンピックに出場し、2016年リオデジャネイロ大会では走り幅跳びT42クラスで銀メダル、4×100mリレーT42-47クラスで銅メダルを獲得。2021年の東京2020パラリンピックでは走り幅跳びT63クラスで4位入賞。また2018年の平昌パラリンピックではスノーボード日本代表として冬季大会にも出場した。

構成　細江克弥
イラスト　徳永明子
アートディレクション　小島正継（株式会社graff）
デザイン　浅田深里、牧花（株式会社graff）
協力・写真提供　日興アセットマネジメント株式会社
三井住友海上火災保険株式会社
株式会社ブレードアスリート
First Chapter株式会社
校閲　円水社
編集　寺澤 薫、板倉杏奈、川本真生（小学館クリエイティブ）

本書に記載されている内容やデータは2024年6月時点のものです。

＼きっとキミに合うヒントがみつかる！／

『一生役立つこどもメンタル本』シリーズ
好評発売中！

本書（パラリンピック編）と同時発売！

こころの輪 オリンピック編
世界で戦うアスリートのくじけないメンタルをつくる24のヒント

阿部詩　阿部一二三
池江璃花子　山縣亮太
2024年7月発売

144ページ
定価1,650円（10％税込）

こころのラリー

卓球メダリストのメンタルに学ぶ たくましく生きる22のヒント

水谷隼　石川佳純
2024年5月発売
128ページ
定価1,540円（10％税込）

こころのパス

サッカーで折れないメンタルをつくる21のヒント

中村憲剛　佐藤寿人　今野泰幸
2022年8月発売
128ページ
定価1,540円（10％税込）

本書のテキストデータを提供いたします

視覚障がい・肢体不自由などの理由で必要とされる方に、本書『こころの輪　パラリンピック編』のテキストデータを提供いたします。こちらのQRコードよりお申し込みの上、テキストをダウンロードいただけます。

こころの輪 パラリンピック編

パラアスリートが教える壁を乗りこえるための24のヒント

2024年7月17日　初版第1刷発行

著　者　　池透暢　道下美里　山本篤
発行者　　尾和みゆき
発行所　　株式会社小学館クリエイティブ
〒101-0051 東京都千代田区神田神保町2-14 SP神保町ビル
電話0120-70-3761（マーケティング部）
発売元　　株式会社小学館
〒101-8001 東京都千代田区一ツ橋2-3-1
電話03-5281-3555（販売）
印刷・製本　　中央精版印刷株式会社

ISBN 978-4-7780-3635-5